円の面積 ①

月　日

正答数

問／2問

◁ 次の円の面積を求めましょう。

①

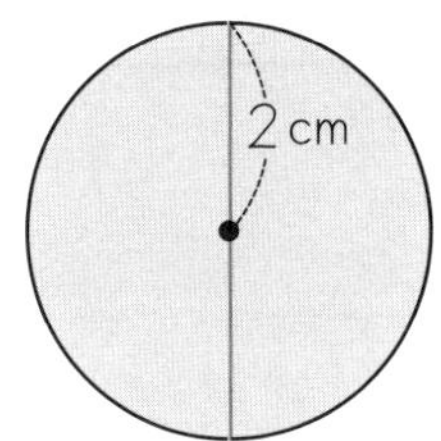

式

答え

②

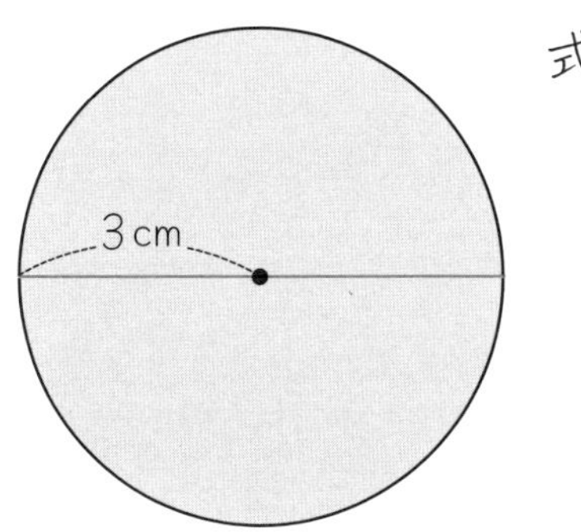

式

答え

円の面積は、次のように求めるよ。「半径×半径×円周率（3.14）」

2 円の面積②

月　日

正答数

問／2問

次の円の面積を求めましょう。

①

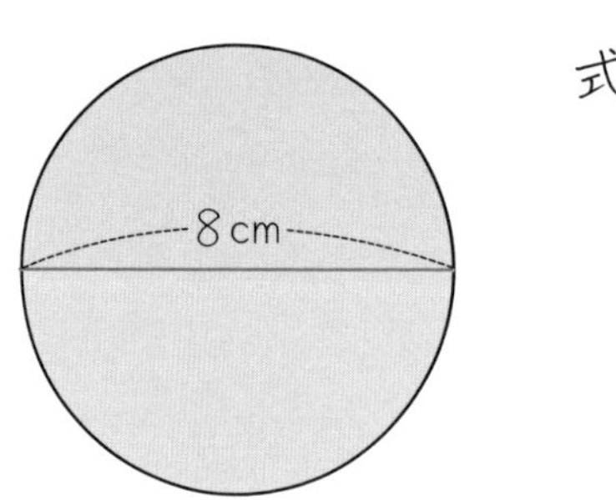

式

答え

②

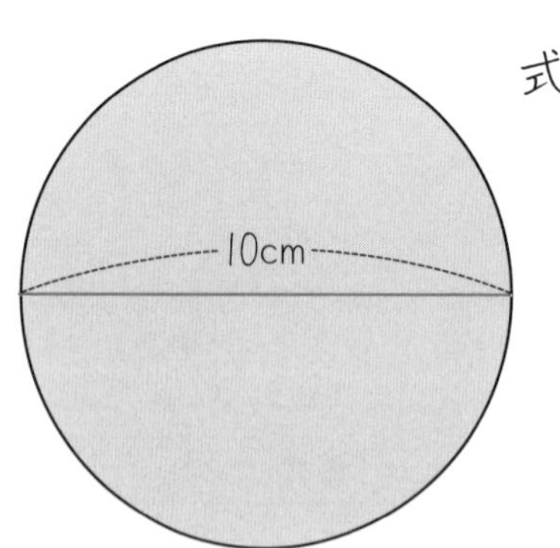

式

答え

半径×半径×3.14は、円の面積だよ。直径と半径をまちがえないよう気をつけよう。

円の面積 ③

月　日

正答数

問／2問

次の円の半径は３cmです。
太い線で囲まれた部分の面積を求めましょう。

①

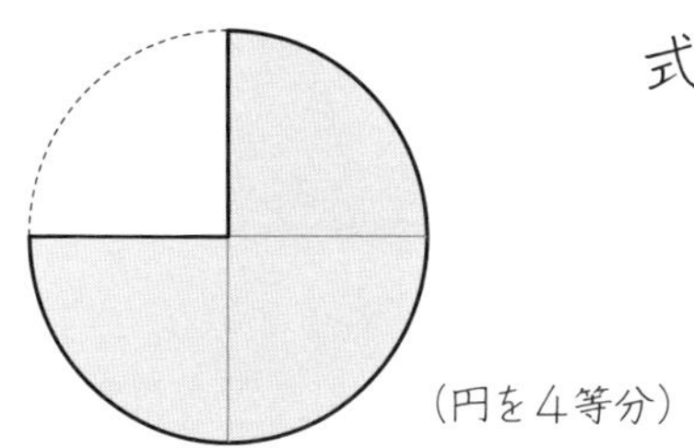

（円を４等分）

式

答え

②

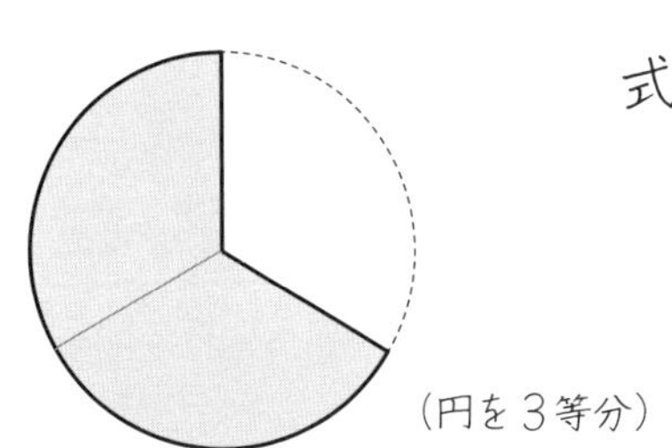

（円を３等分）

式

答え

「等分」は等しい量に分けることだよ。４等分なら、４つに等しく分けているね。

円の面積 ④

月　日
正答数
問／2問

次の円の半径は３cmです。
太い線で囲まれた部分の面積を求めましょう。

①

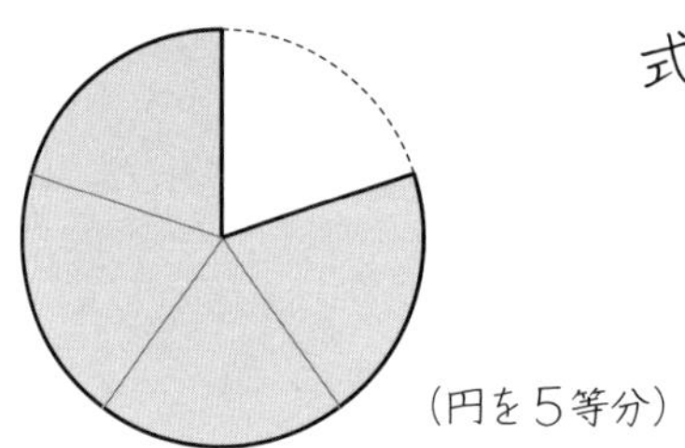

（円を５等分）

式

答え

②

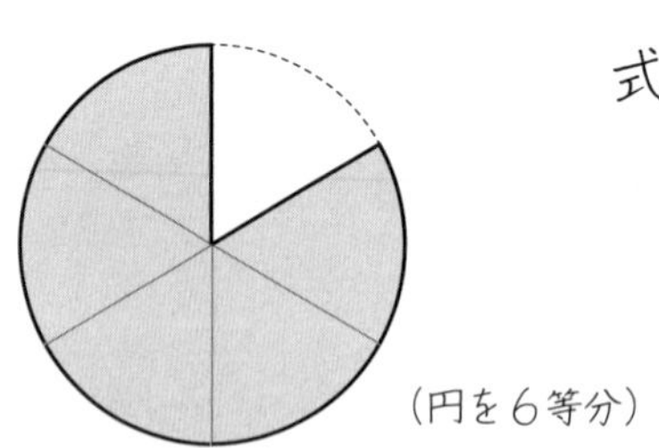

（円を６等分）

式

答え

どちらの円も半径が３cmと同じだから、もともとの円の面積は同じだね。

月　日

正答数

問／7問

5 文字を使った式①

同じかんづめ6個を300gの箱につめます。

① かんづめ1個の重さをx（エックス）gとして、全体の重さを求める式を書きましょう。

式

② xが次の数のとき、全体の重さを求めましょう。

㋐ $x=180$　式　答え

㋑ $x=200$　式　答え

㋒ $x=250$　式　答え

㋓ $x=300$　式　答え

㋔ $x=360$　式　答え

㋕ $x=750$　式　答え

上の㋐～㋕のxのように値（あたい）を変えられる数を、「変数（へんすう）」というよ。

文字を使った式 ②

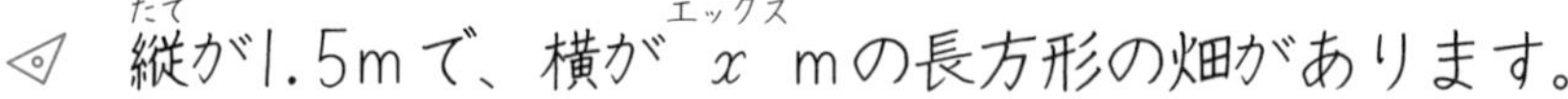

縦（たて）が1.5mで、横が x（エックス）mの長方形の畑があります。

① 畑のまわりの長さを求める式を書きましょう。

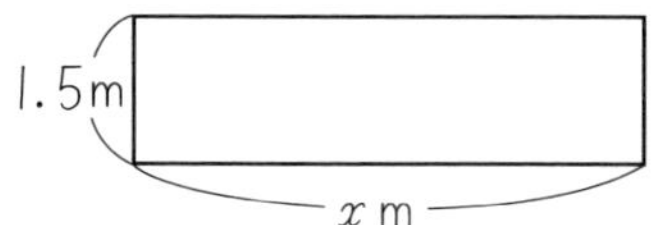

式

② xが次の数のとき、畑のまわりの長さを求めましょう。

㋐ $x=5$　式　　答え

㋑ $x=8$　式　　答え

㋒ $x=9$　式　　答え

㋓ $x=10$　式　　答え

㋔ $x=15$　式　　答え

xは変数です。①の1.5は、変わらない一定の数だから「定数（ていすう）」というよ。

分数のかけ算 ①

月　日

正答数

問 /10問

次の計算をしましょう。

① $\frac{5}{7}\times\frac{3}{4}=$

② $\frac{7}{9}\times\frac{5}{8}=$

③ $\frac{7}{8}\times\frac{5}{6}=$

④ $\frac{9}{10}\times\frac{3}{7}=$

⑤ $\frac{5}{8}\times\frac{6}{7}=$

⑥ $\frac{3}{8}\times\frac{6}{5}=$

⑦ $\frac{9}{8}\times\frac{7}{12}=$

⑧ $\frac{4}{7}\times\frac{5}{6}=$

⑨ $\frac{5}{12}\times\frac{9}{7}=$

⑩ $\frac{8}{21}\times\frac{14}{9}=$

分数と分数のかけ算は、分母どうし、分子どうしをかけ算するよ。

分数のかけ算 ②

月　日

正答数

問 /10問

◁ 次の計算をしましょう。

① $\frac{9}{14}\times\frac{7}{6}=$

② $\frac{8}{5}\times\frac{5}{6}=$

③ $\frac{9}{20}\times\frac{25}{21}=$

④ $\frac{12}{5}\times\frac{15}{16}=$

⑤ $\frac{8}{21}\times\frac{15}{4}=$

⑥ $\frac{18}{25}\times\frac{15}{8}=$

⑦ $\frac{15}{14}\times\frac{4}{21}=$

⑧ $\frac{14}{9}\times\frac{15}{16}=$

⑨ $\frac{10}{27}\times\frac{9}{16}=$

⑩ $\frac{12}{25}\times\frac{15}{32}=$

約分が2組ある問題だよ。落ち着いて考えよう。

9 分数のかけ算 ③

月　日
正答数
問／8問

次の計算をしましょう。答えが仮分数なら帯分数に直しましょう。

① $3\frac{1}{8}\times\frac{9}{20}=$

② $\frac{8}{21}\times3\frac{1}{9}=$

③ $\frac{10}{27}\times5\frac{1}{7}=$

④ $4\frac{2}{7}\times\frac{5}{18}=$

⑤ $2\frac{1}{4}\times\frac{10}{21}=$

⑥ $\frac{10}{27}\times3\frac{3}{5}=$

⑦ $1\frac{5}{9}\times\frac{3}{4}=$

⑧ $\frac{3}{10}\times2\frac{1}{12}=$

帯分数のかけ算の問題は、「帯分数」を「仮分数」に直して考えよう。

10 分数のかけ算 ④

月　日

正答数　問／2問

1　1dLのペンキで、$\frac{5}{4}$m²のへいがぬれます。
$\frac{6}{5}$dLでは、何m²ぬれますか。

式

答え

2　1m³の空気の中には、$\frac{1}{5}$m³の酸素がふくまれています。
$\frac{10}{13}$m³の空気には、何m³の酸素がふくまれていますか。

式

答え

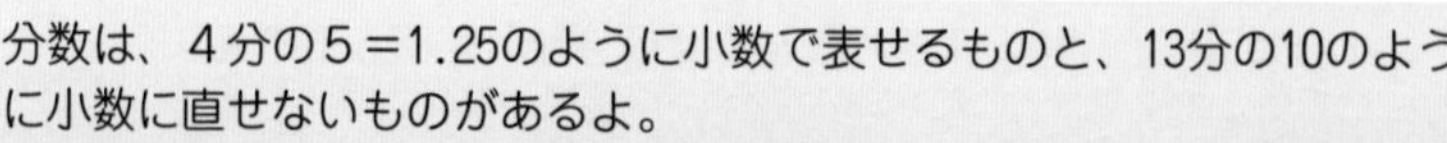

分数は、４分の５＝1.25のように小数で表せるものと、13分の10のように小数に直せないものがあるよ。

分数のかけ算 ⑤

月　　日

正答数

問 /3問

次の図形の面積を求めましょう。

① 正方形

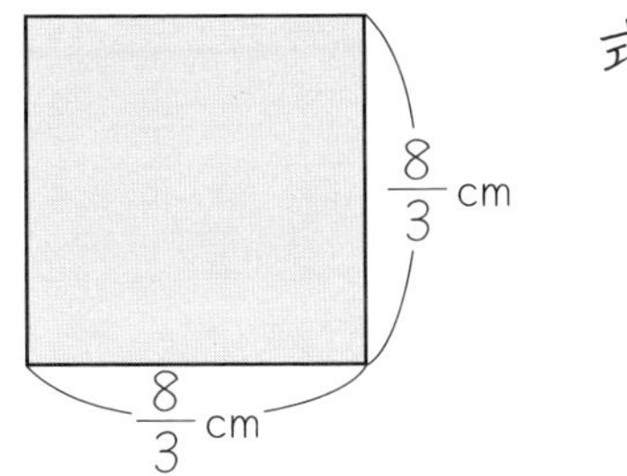

式

答え

② 長方形

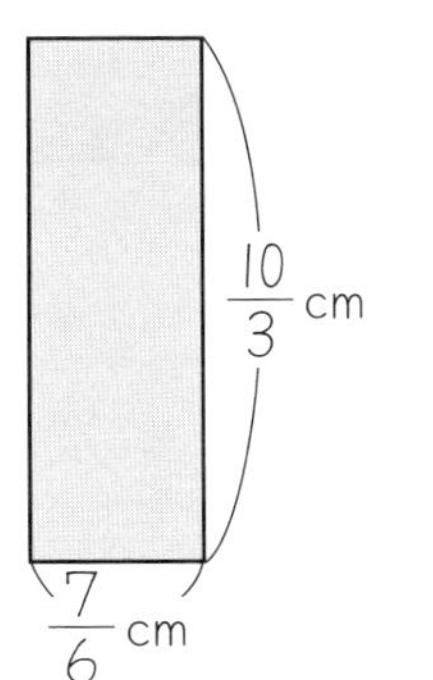

式

答え

③ 平行四辺形

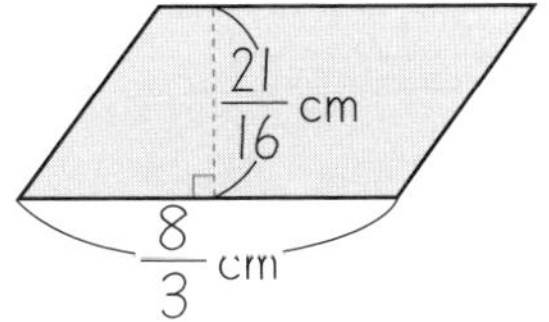

式

答え

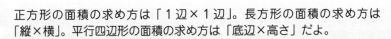

正方形の面積の求め方は「１辺×１辺」。長方形の面積の求め方は「縦×横」。平行四辺形の面積の求め方は「底辺×高さ」だよ。

分数のわり算①

月　日

正答数　問 /10問

次の計算をしましょう。

① $\frac{7}{6} \div \frac{3}{5} =$

② $\frac{4}{9} \div \frac{3}{5} =$

③ $\frac{5}{7} \div \frac{7}{6} =$

④ $\frac{9}{4} \div \frac{8}{5} =$

⑤ $\frac{8}{5} \div \frac{20}{7} =$

⑥ $\frac{15}{7} \div \frac{20}{3} =$

⑦ $\frac{4}{21} \div \frac{3}{35} =$

⑧ $\frac{25}{6} \div \frac{20}{7} =$

⑨ $\frac{7}{18} \div \frac{5}{24} =$

⑩ $\frac{18}{5} \div \frac{12}{7} =$

分数と分数のわり算だよ。わる数の逆数（分母と分子を反対にした数）をかけて計算するよ。

分数のわり算 ②

次の計算をしましょう。約分できるものは約分しましょう。

① $\frac{6}{25} \div \frac{9}{20} =$

② $\frac{8}{27} \div \frac{14}{15} =$

③ $\frac{12}{25} \div \frac{8}{15} =$

④ $\frac{16}{21} \div \frac{14}{15} =$

⑤ $\frac{21}{32} \div \frac{27}{40} =$

⑥ $\frac{20}{27} \div \frac{35}{36} =$

⑦ $\frac{10}{21} \div \frac{16}{15} =$

⑧ $\frac{21}{4} \div \frac{9}{10} =$

分数と分数のわり算だよ。「逆数」と「約分」に気をつけて考えよう。

分数のわり算 ③

月　日

正答数

問／8問

次の計算をしましょう。答えが仮分数なら帯分数に直しましょう。

① $2\frac{2}{5} \div 2\frac{2}{9} =$

② $\frac{4}{7} \div 2\frac{2}{5} =$

③ $8\frac{1}{3} \div 3\frac{3}{4} =$

④ $4\frac{2}{3} \div 4\frac{1}{5} =$

⑤ $2\frac{1}{12} \div 1\frac{7}{8} =$

⑥ $1\frac{1}{8} \div 1\frac{1}{14} =$

⑦ $5\frac{5}{6} \div 1\frac{5}{9} =$

⑧ $1\frac{7}{8} \div 1\frac{1}{20} =$

分数と分数のわり算の問題でも、「帯分数」を「仮分数」に直して考えよう。

15

分数のわり算 ④

月　日
正答数
問／2問

1　1mの重さが$\frac{12}{7}$kgの銅管があります。銅管の重さが$\frac{18}{7}$kgのとき、長さは何mですか。

式

答え

2　$\frac{5}{9}$m²の銅板の重さは$\frac{10}{3}$kgです。この銅板1m²の重さは何kgですか。

式

答え

分数のわり算では、わる数が1より小さいと、答えはわられる数より大きくなるよ。

分数のわり算 ⑤

次の図形の辺の長さや高さxを求めましょう。

① 長方形 $\left(面積\ \frac{14}{5}\ \mathrm{cm}^2\right)$

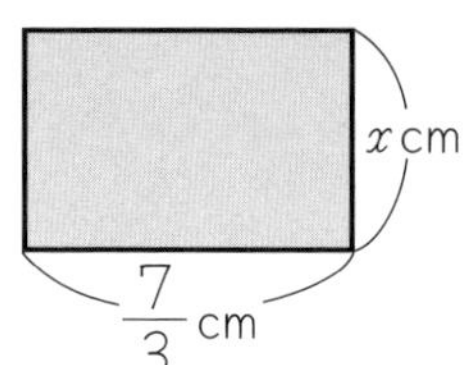

式

答え

② 平行四辺形 $\left(面積\ \frac{28}{9}\ \mathrm{cm}^2\right)$

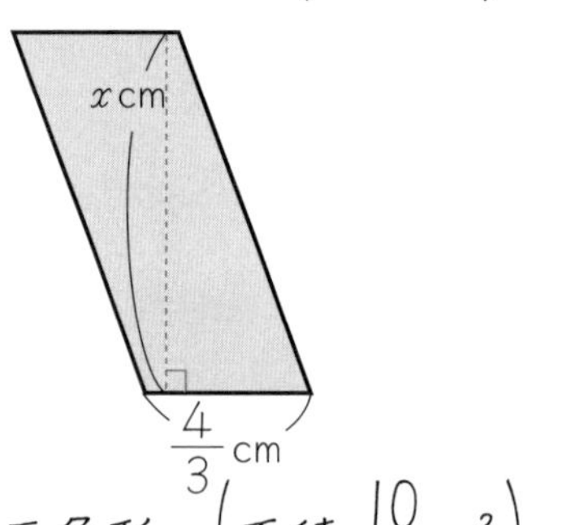

式

答え

③ 三角形 $\left(面積\ \frac{10}{3}\ \mathrm{m}^2\right)$

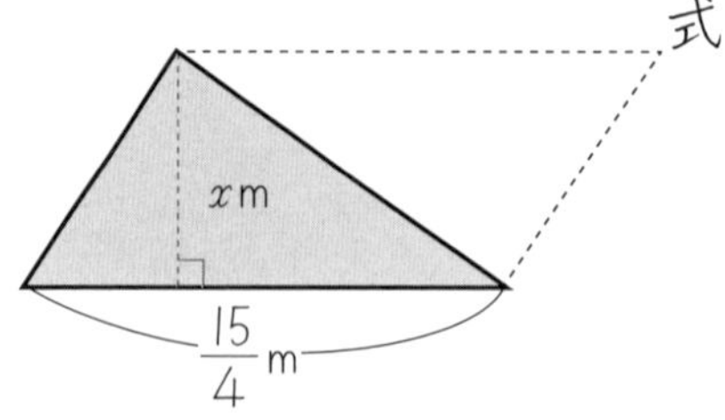

式

答え

三角形の面積の求め方は「底辺×高さ÷２」。
平行四辺形の面積「底辺×高さ」を半分にするという考え方もできるね。

分数の計算 ①

次の計算をしましょう。

① $\frac{6}{7}\times\frac{4}{3}\times\frac{7}{12}=$

② $\frac{10}{9}\times\frac{3}{14}\times\frac{21}{8}=$

③ $\frac{5}{4}\times\frac{8}{7}\times\frac{14}{5}=$

④ $\frac{8}{9}\div\frac{4}{5}\div\frac{5}{6}=$

⑤ $\frac{3}{4}\div\frac{7}{16}\div\frac{9}{14}=$

約分を忘れないように、順に１つ１つていねいに計算しよう。

分数の計算 ②

次の計算をしましょう。

① $\frac{3}{8}\times\frac{5}{9}\div\frac{5}{6}=$

② $\frac{3}{4}\times\frac{14}{25}\div\frac{21}{20}=$

③ $\frac{7}{10}\times\frac{4}{9}\div\frac{14}{15}=$

④ $\frac{4}{15}\times\frac{12}{7}\div\frac{6}{35}=$

⑤ $\frac{15}{14}\times\frac{35}{18}\div\frac{15}{4}=$

３つの分数が、分数×分数×分数になるように、式を変えて計算しよう。

19 対称な図形 ①

月　日

正答数 問／6問

線対称（せんたいしょう）な図形を６つ選んで○をつけましょう。

㋐

北海道

（　　　）

㋑

愛知県

（　　　）

㋒

京都府

（　　　）

㋓

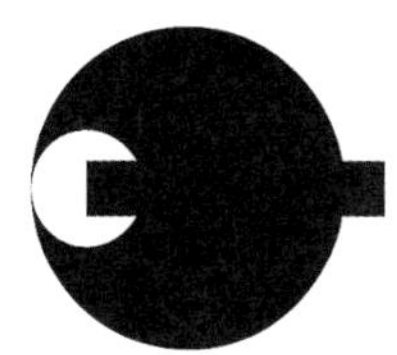

奈良県

（　　　）

㋔

のぼりふじ

（　　　）

㋕

丸にはなびし

（　　　）

㋖

右三つともえ

（　　　）

㋗

きりぐるま

（　　　）

１本の直線で折ったとき、両側がきちんと重なる図形を「線対称な図形」というよ。そして、その直線を「対称の軸（じく）」というよ。

対称な図形 ②

月　日
正答数
問／3問

図形アイウエオカは、ABを対称(たいしょう)の軸(じく)とする線対称な図形です。

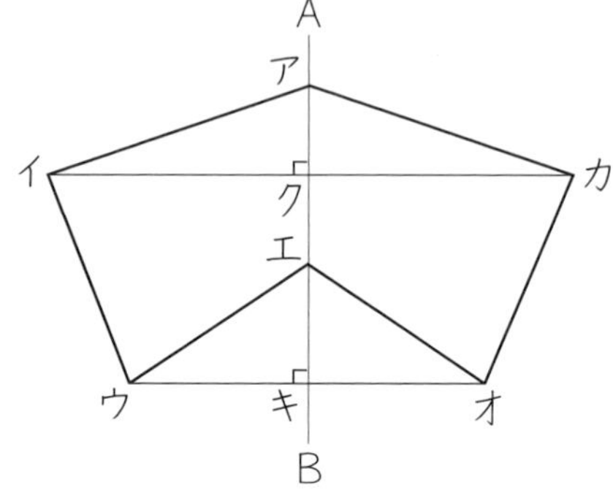

① 対称の軸と直角に交わる直線はどれですか。

答え ____________

答え ____________

② 対称の軸に直角に交わる直線で、直線クイと長さが等しい直線はどれですか。

直線クイ と ____________

③ 対称の軸に直角に交わる直線で、直線キウと長さが等しい直線はどれですか。

直線キウ と ____________

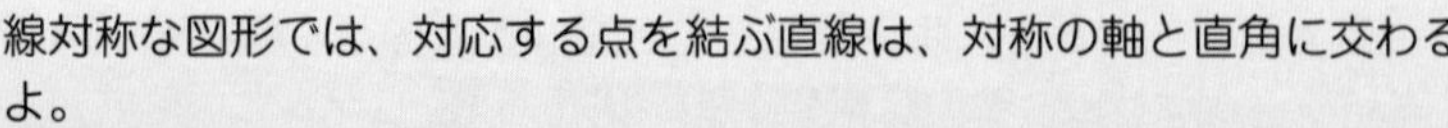
線対称な図形では、対応する点を結ぶ直線は、対称の軸と直角に交わるよ。

対称な図形 ③

月　日

正答数

問 / 4問

◁ 点対称(てんたいしょう)な図形を４つ選んで○をつけましょう。

㋐

㋑

㋒

㋓

大分県（　　）　岩手県（　　）　宮崎県（　　）　埼玉県（　　）

㋔

㋕

㋖

㋗

京都府（　　）　島根県（　　）　長野県（　　）　大阪府（　　）

図形の真ん中を中心にして180°まわすと、元の図形ときちんと重なる図形を「点対称な図形」というよ。

対称な図形 ④

月　日

正答数

問／4問

図は点対称(てんたいしょう)な図形です。

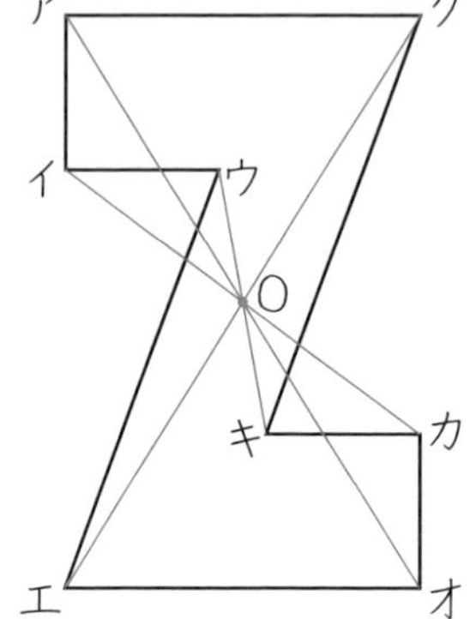

① 辺アイに対応する辺はどれですか。

答え

② 辺イウに対応する辺はどれですか。

答え

③ 直線クOと長さの等しい直線はどれですか。

答え

④ 直線イOと長さの等しい直線はどれですか。

答え

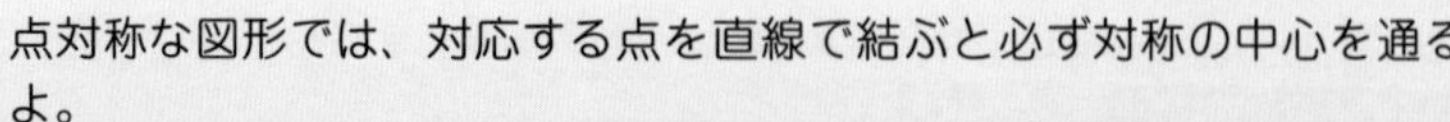
点対称な図形では、対応する点を直線で結ぶと必ず対称の中心を通るよ。

比とその利用 ①

1 比を簡単(かんたん)にしましょう。

① 6：18 ＝

② 20：15 ＝

③ 8：12 ＝

④ 18：15 ＝

⑤ 36：24 ＝

⑥ 24：16 ＝

⑦ 20：60 ＝

⑧ 28：49 ＝

⑨ 45：60 ＝

⑩ 63：81 ＝

2 辺アイと辺イウと辺アウの長さの比を、簡単にしましょう。

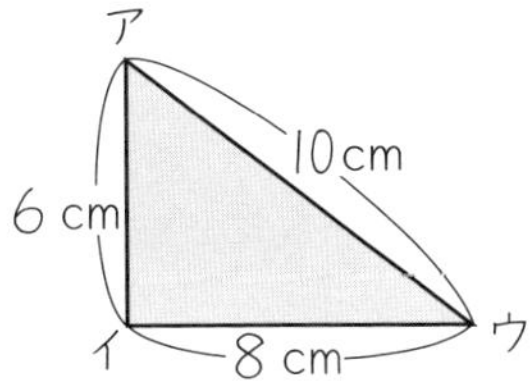

6：8：10 ＝

比を簡単にするときは、最大公約数でわるように心がけよう。

比とその利用 ②

月　日
正答数
問／9問

1 比を簡単（かんたん）にしましょう。

① $0.5 : 0.6 =$　　② $0.2 : 0.7 =$

③ $0.2 : 0.6 =$　　④ $0.9 : 0.3 =$

⑤ $\frac{2}{9} : \frac{5}{9} =$　　⑥ $\frac{2}{3} : \frac{1}{6} =$

⑦ $\frac{2}{5} : \frac{1}{3} =$　　⑧ $\frac{1}{4} : \frac{3}{8} =$

2 辺アイと辺イウと辺アウの長さの比を、簡単にしましょう。

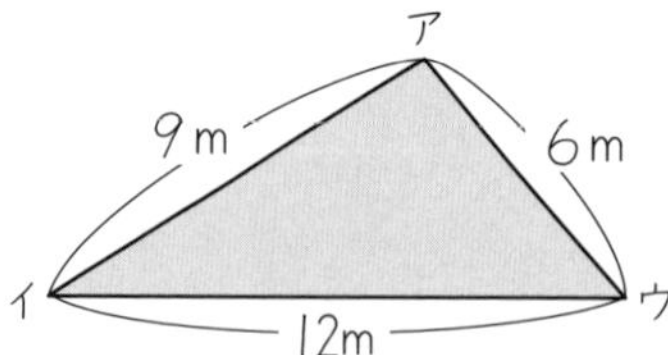

三角形の辺の比が３：４：５となるのは「直角三角形」だよ。

比とその利用 ③

月　日

正答数　問／3問

1　水色のビー玉８個と黄色いビー玉３個をセットにします。

水色のビー玉は120個あります。黄色いビー玉は何個いりますか。

式

答え

2　赤い画用紙と白い画用紙を５：７の割合(わりあい)で配ります。

赤い画用紙を30枚(まい)配ると、白い画用紙は何枚必要ですか。

式

答え

3　白いばら３本と赤いばら４本で花束をつくります。

赤いばらは60本あります。白いばらは何本いりますか。

式

答え

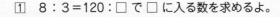

1　8：3＝120：□ で □ に入る数を求めるよ。

比とその利用 ④

月　日

正答数

問／3問

1　1周すると90mの長方形の池があります。池の縦（たて）と横の比は2：3です。縦と横の長さは、それぞれ何mですか。

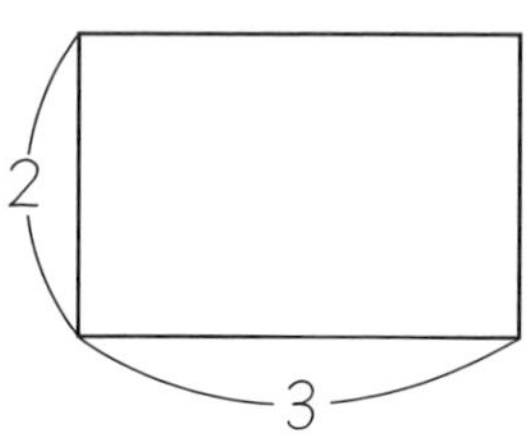

式

答え

2　広場に108人の人がいます。この人たちの男性と女性の人数の比は、5：4です。それぞれ何人ですか。

式

答え

3　1800gの砂糖（さとう）水があります。砂糖と水の比は、2：7です。砂糖は何gふくまれていますか。

式

答え

1で縦と横の比が 2：3 ならば、縦と全体の比は2：（2＋3）＝2：5となるよ。2：5＝□：45 をとくことになるね。

角柱と円柱 ①

月　日

正答数

問／2問

◁ 次の角柱の体積を求めましょう。

① 三角柱（底面積は36 cm^2）

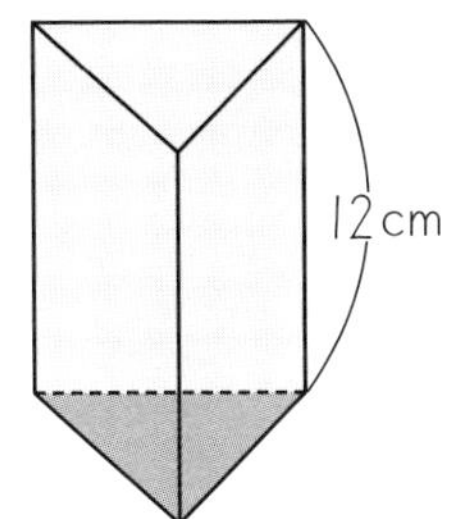

式

答え

② 四角柱（底面は正方形）

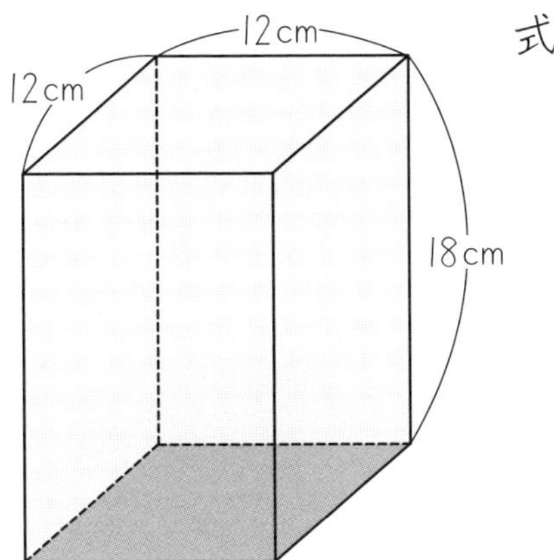

式

答え

底面積とは、底面の面積のことだよ。底面積を求めて体積を求めよう。

角柱と円柱 ②

月　日
正答数
問／2問

◁ 次の角柱の体積を求めましょう。

① 三角柱（底面は直角三角形）

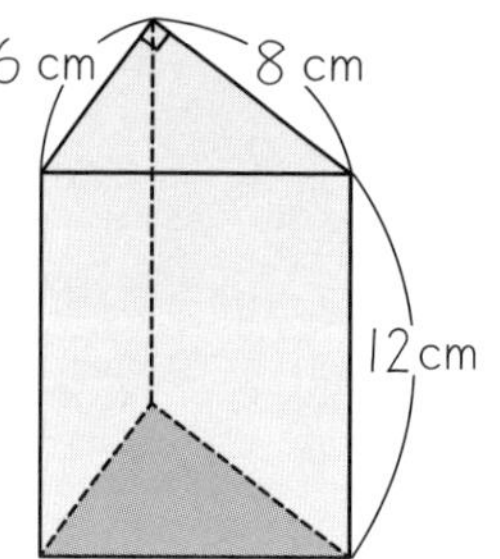

式

答え

② 四角柱

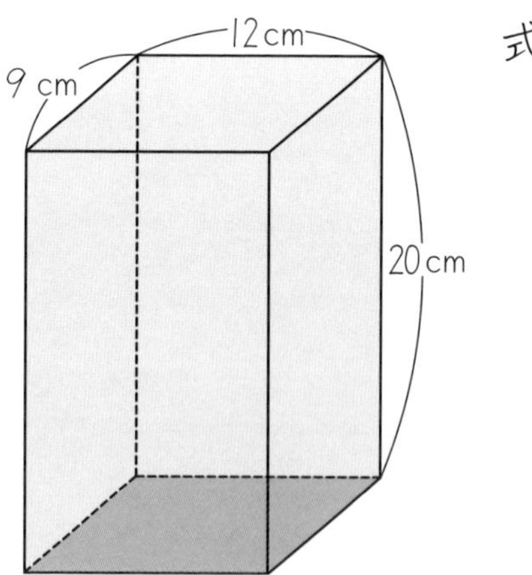

式

答え

角柱の体積の求め方は「底面積×高さ」。底面積は三角形、四角形の求め方で考えよう。
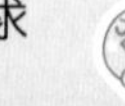

角柱と円柱 ③

月　日
正答数
問／2問

次の円柱の体積を求めましょう。

① 円柱（底面積は72cm²）

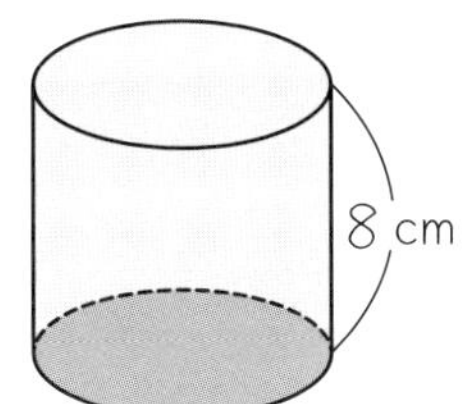

式

答え

② 円柱（半径は5cm）

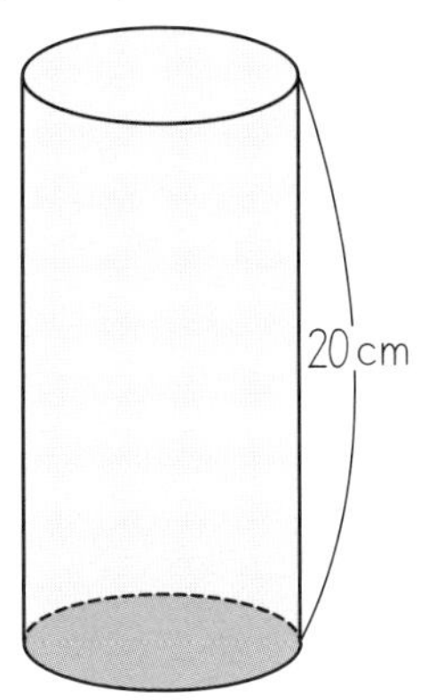

式

答え

円柱の体積の求め方は「底面積×高さ」。底面積は円の求め方で考えよう。

角柱と円柱 ④

月　日
正答数
問／2問

次の円柱の体積を求めましょう。（電たく使用）

① 円柱（半径は5cm）

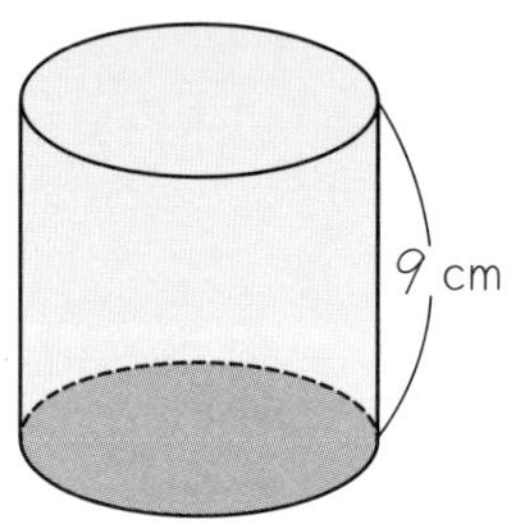

式

答え

② 円柱（半径は6cm）

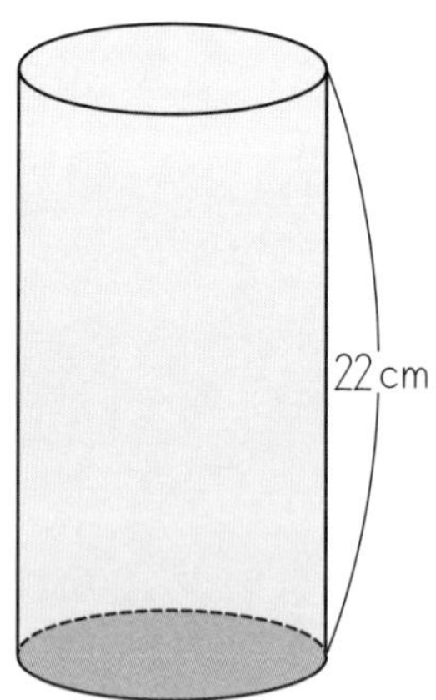

式

答え

「円の面積は、半径×半径×3.14」だよ。

比例と反比例 ①

月　日

正答数　問／4問

◁ 1分間に4Lの水を入れます。水を入れる時間をx分、水の量をyLとして表をつくりました。

時間　x（分）	1	2	3		5	6
水の量　y（L）	4	8	12		㋐	24

① yはxに比例しているといえますか。

答え ＿＿＿＿＿＿

② xの値（あたい）が1から2へと1増えると、yの値はいくつ増えますか。

答え ＿＿＿＿＿＿

③ xの値が2から3へと1増えると、yの値はいくつ増えますか。

答え ＿＿＿＿＿＿

④ 表の㋐の値を求めましょう。

答え ＿＿＿＿＿＿

yがxに比例しているときは、xが1ずつ増えるとyは決まった数ずつ増えるんだ。

比例と反比例 ②

月　日
正答数
問／2問

◁ 針金（はりがね）の長さ x m、重さ y g の関係を表にしました。

x (m)	0	1	2	3	4	5	6	7	⑧
y (g)	0	5	10	15	20	25	30	35	㊵

① ○で囲んだ点と０を直線で結びましょう。

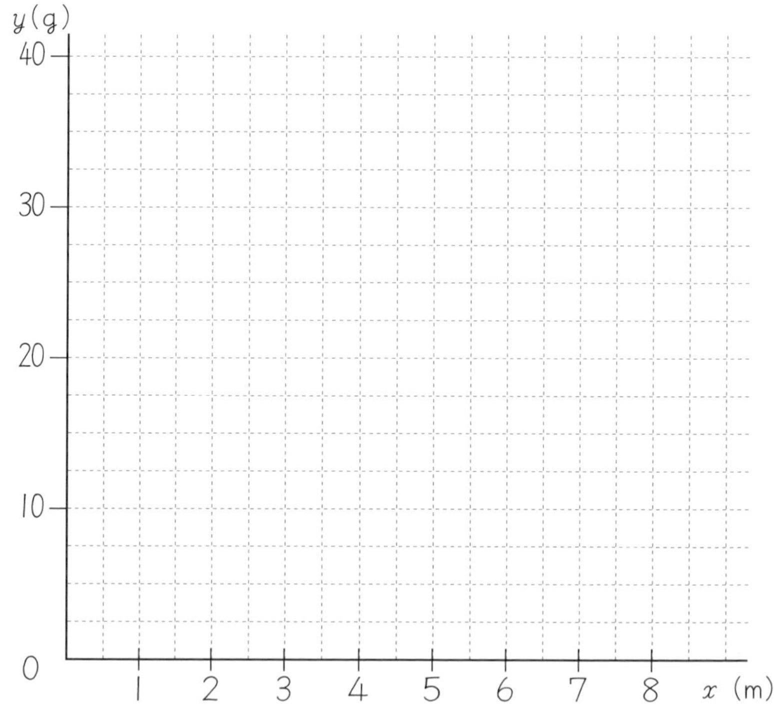

② y を x の式で表しましょう。

$y =$ ＿＿＿＿＿＿＿＿

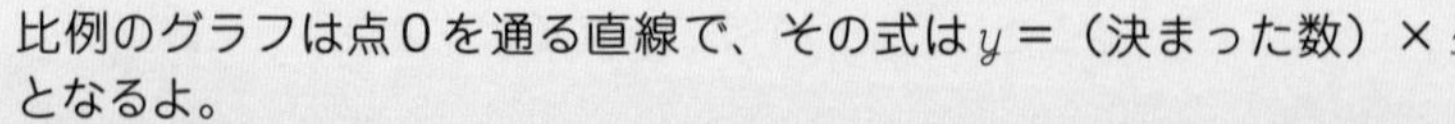
比例のグラフは点０を通る直線で、その式は $y =$（決まった数）$\times x$ となるよ。

比例と反比例 ③

月　日

正答数　問／4問

◁　6kmの道のりを、時速$x$kmで歩いたときのかかる時間をy時間として表をつくりました。

時速　x(km)	1	2	3	4	5	6
時間　y(時間)	6	3	2	1.5	㋐	㋑

①　xの値(あたい)が1から2へと2倍になったとき、yの値は何倍になりますか。

答え

②　xの値が1から3へと3倍になったとき、yの値は何倍になりますか。

答え

③　yはxに反比例しているといえますか。

答え

④　表の㋐と㋑の値を求めましょう。

答え　㋐　　　㋑

xの値が2倍、3倍、…… となるとき、それにともなってyの値が$\frac{1}{2}$、$\frac{1}{3}$、…… となるとき、yはxに反比例するというよ。

比例と反比例 ④

月　日
正答数
問／2問

面積が12cm²の長方形があります。長方形の縦(たて)を x cm、横を y cmとして表をつくりました。

縦　x (cm)	1	2	3	4	5	6	8	10	12
横　y (cm)	12	6	4	3	2.4	2	1.5	1.2	1

① グラフをかきましょう。

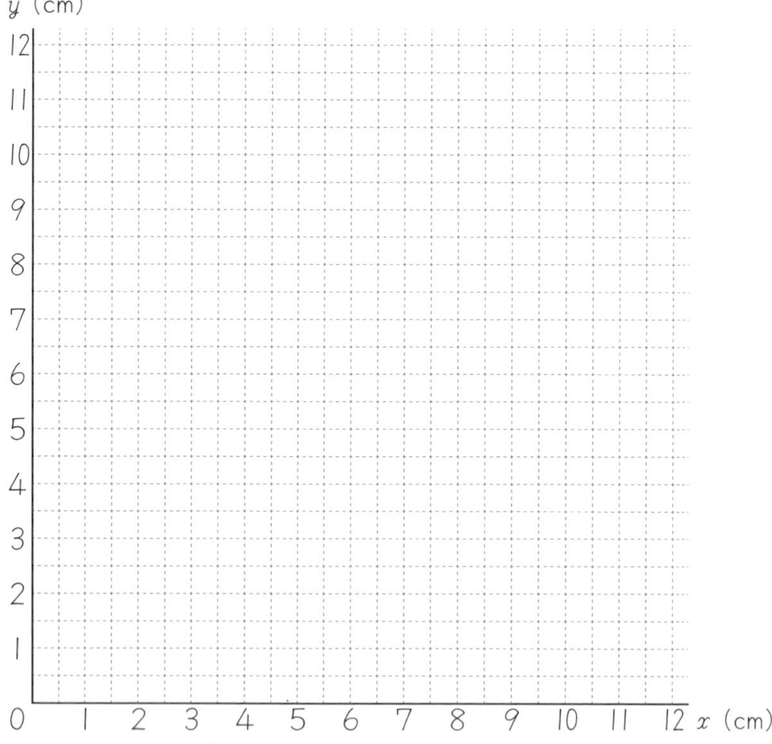

② yをxの式で表しましょう。

y ＝＿＿＿＿＿＿＿＿

反比例のグラフは、上のような曲線になるよ。
x、yの点を取って、曲線で結ぼう。

比例と反比例 ⑤

1　次の２つの量が、比例するものには○、反比例するものには△、どちらでもないものは×をつけましょう。

①（　　）時速30kmで進む。かかる時間と進んだ道のり

②（　　）面積が24cm²の長方形の縦（たて）の長さと横の長さ

③（　　）１mのリボンから切り取った長さと残りの長さ

④（　　）底辺の長さ６cmの三角形の高さと面積

⑤（　　）200m走るときの秒速とかかる時間

2　次の平行四辺形①，②それぞれの、yを求める式を書きましょう。

①

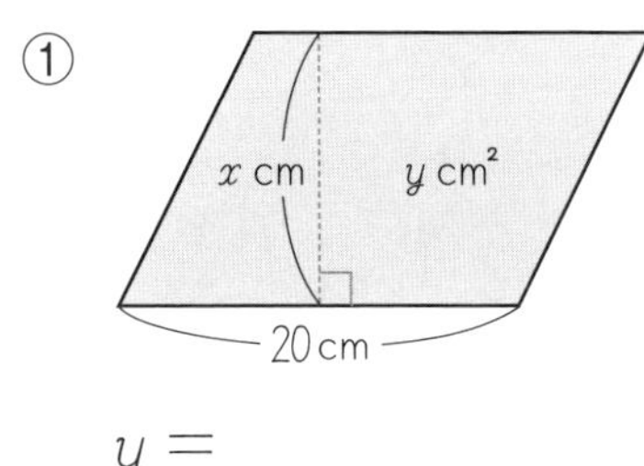

$y=$

②

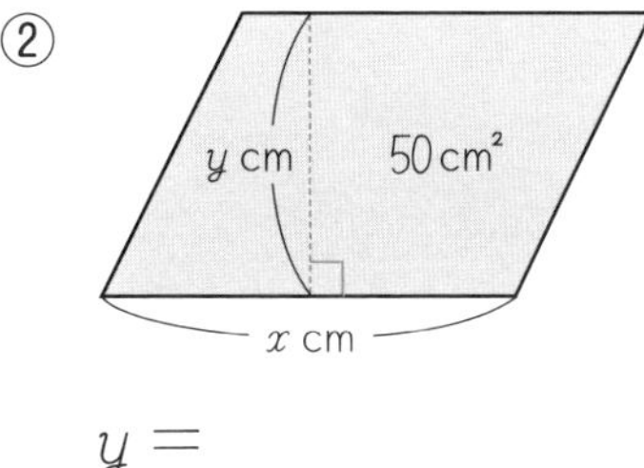

$y=$

比例は $y=\square\times x$ で表せるよ。反比例は $y=\square\div x$ で表せるよ。
（□は決まった数）

比例と反比例 ⑥

月　日
正答数
問／8問

1　yはxに反比例しています。

x（m）	0.2	0.4	0.8	2	4	5
y（m）	200	100	㋐	20	10	㋑

① ㋐，㋑にあてはまる数を求めましょう。

㋐＿＿＿＿＿＿　㋑＿＿＿＿＿＿

② yを求める式を書きましょう。

式

2　時速60kmで6時間かかるところを、時速80kmで走ると、何時間かかりますか。

式

答え＿＿＿＿＿＿

3　次の式で、xとyはどんな関係にありますか。比例するものには○、反比例するものには△をつけましょう。

①（　　）$x \times y = 48$　　②（　　）$y \div x = 15$

③（　　）$y = 25 \times x$　　④（　　）$y = 60 \div x$

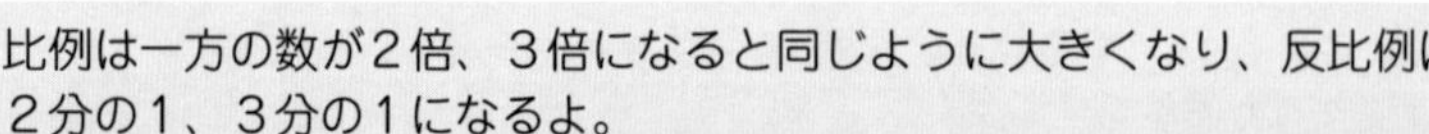

比例は一方の数が2倍、3倍になると同じように大きくなり、反比例は2分の1、3分の1になるよ。

37 拡大図と縮図 ①

月　日

正答数 問／2問

1　次の図㋐の三角形の拡大図（かくだいず）、縮図（しゅくず）になっているものはどれですか。何倍の拡大図か、何分の一の縮図かも答えましょう。

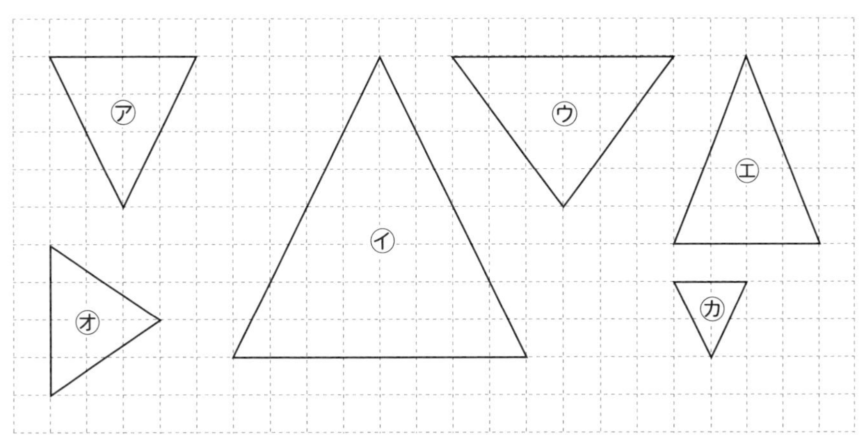

答え　拡大図　　　　　　　　　　，縮図

2　長方形㋑は、長方形㋐の拡大図といえますか。

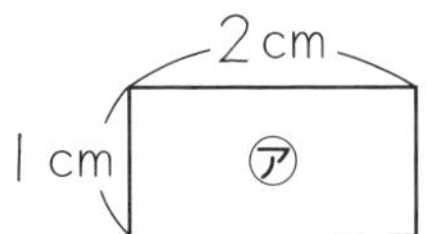

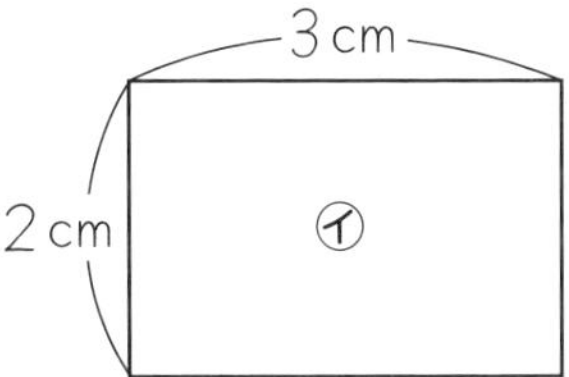

答え

2　長方形㋑が、長方形㋐の拡大図といえないのは、縦の辺の拡大率と、横の辺の拡大率がちがうからだよ。

38 拡大図と縮図 ②

月　日

正答数　　問／4問

◁ 四角形オカキクは、四角形アイウエの$\frac{1}{2}$の縮図(しゅくず)です。

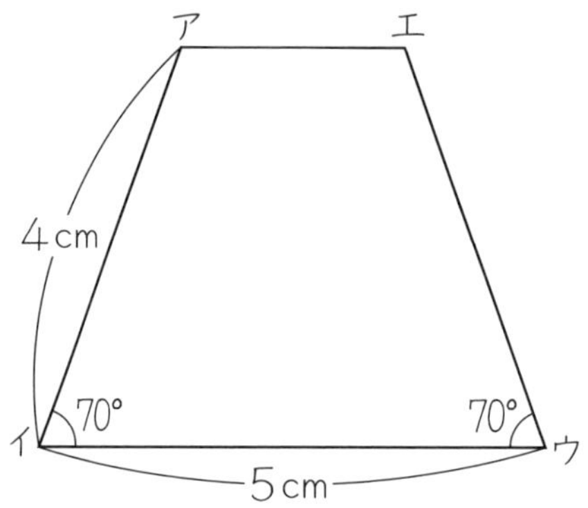

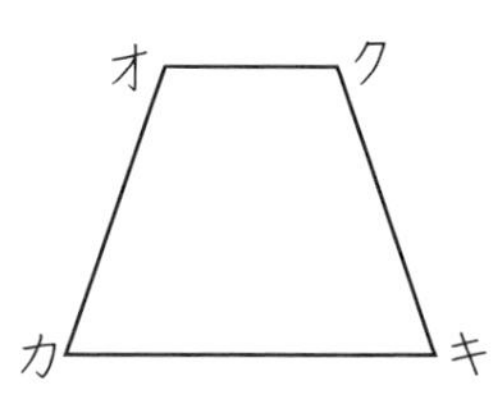

① 辺アイに対応する辺はどれですか。また何cmですか。

答え

② 辺イウに対応する辺はどれですか。また何cmですか。

答え

③ 角イに対応する角はどれですか。また何度ですか。

答え

④ 角ウに対応する角はどれですか。また何度ですか。

答え

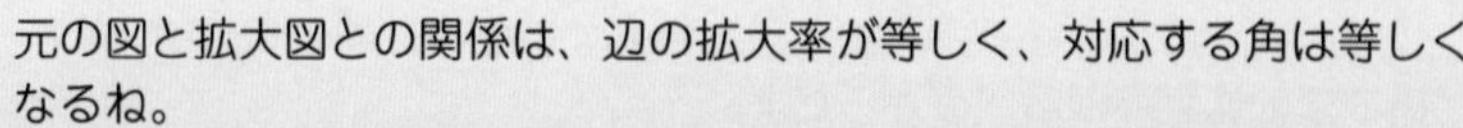

元の図と拡大図との関係は、辺の拡大率が等しく、対応する角は等しくなるね。

拡大図と縮図 ③

月　日

正答数

問／3問

◁　右の図は川はばＢＣを求めるためにかいた縮図です。

ＡＢの実際の長さは、15ｍです。

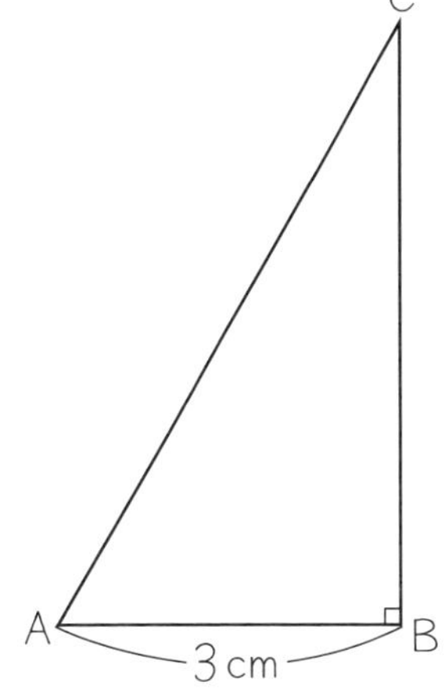

① この縮図は、何分の一の縮図ですか。

答え＿＿＿＿＿＿

② ＢＣの長さをはかりましょう。

答え＿＿＿＿＿＿

③ 実際の川はばを求めましょう。

式

答え＿＿＿＿＿＿

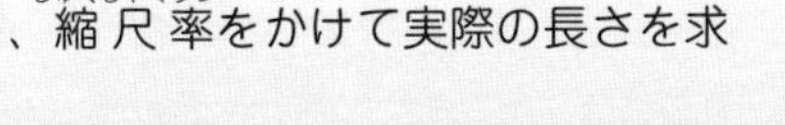

縮図をかいて、BC の長さをはかり、縮尺率(しゅくしゃくりつ)をかけて実際の長さを求めるよ。

40 拡大図と縮図 ④

月　日

正答数　問／2問

◁ 100万分の一の縮尺（しゅくしゃく）の
びわ湖の地図があります。

① びわ湖の東西の長さ（高島（たかしま）—ひこ根（ね））は約2 cmです。
実際の長さを求めましょう。

式

答え ＿＿＿＿＿＿＿＿

② びわ湖の南北（しずが岳（たけ）—大津（おおつ））は約6 cmです。
実際の長さを求めましょう。

式

答え ＿＿＿＿＿＿＿＿

手元の地図の縮尺率を調べ、地図の長さから実際の長さを求めてみよう。

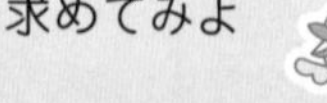

41 場合の数 ①

月　日

正答数　問／1問

右の3枚のカードを並べて、3けたの整数をつくります。全部で何通りありますか。

（百の位）（十の位）（一の位）

1 ＜ 2 ― 3
　　3 ― 2

2 ＜

3 ＜

答え

上のような図を樹形図というよ。重複なく、数え落としがないようにするよ。

42 場合の数 ②

月　日

正答数　問／1問

◁ 右の4枚のカードを並べて、4けたの整数をつくります。
全部で何通りありますか。

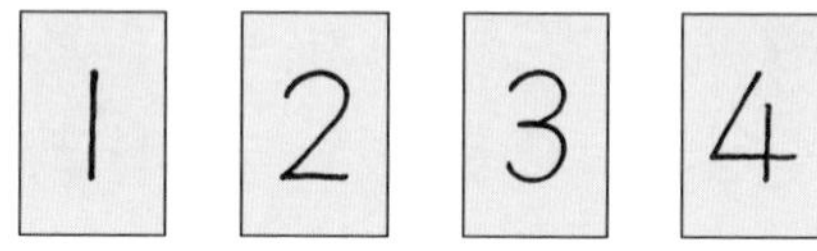

（千の位）（百の位）（十の位）（一の位）

1 ― 2 ＜ 3 ― 4 ／ 4 ― 3

1 ― 3 ＜

1 ― 4 ＜

千の位が1となるのは□通りです。

千の位が2、3、4となる場合も同じ数ずつあるので

全部で□通りあります。

答え

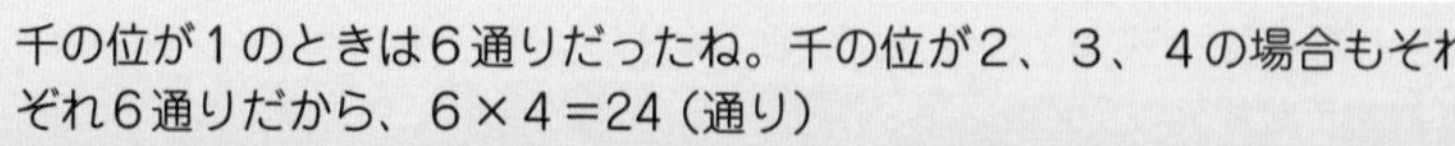
千の位が1のときは6通りだったね。千の位が2、3、4の場合もそれぞれ6通りだから、6×4＝24（通り）

場合の数 ③

月　日
正答数
問／1問

A、B、C、Dの4チームで試合をします。
どのチームも、ちがったチームと1回ずつ試合をします。
全部で何試合になりますか。

	A	B	C	D
A		○		
B				
C				
D				

答え

組み合わせを（横，上）とすると、（A，B）と（B，A）は同じ試合になるよ。

44 場合の数 ④

月　日

正答数　問／1問

◁　10円、50円、100円、500円の4つの種類のお金から、２種類選んでできる金額を書きましょう。

また、合計何通りになりますか。

10円	50円	100円	500円	できる金額
○	○			60円

答え

表を使って、２種類のお金を選ぶ方法もいいね。

資料の整理 ①

月　日

正答数　問／2問

次の表は6年生の体重で、小数点以下を四捨五入(ししゃごにゅう)したものです。

6年生の体重21名（kg）

31	29	30	34	28	33	39
33	34	32	36	30	34	35
38	31	32	35	36	34	33

① 平均体重を求めましょう。小数第2位を四捨五入して小数第1位まで求めましょう。

式

答え

② 体重をドットプロットに表し、最ひん値(ち)を求めましょう。

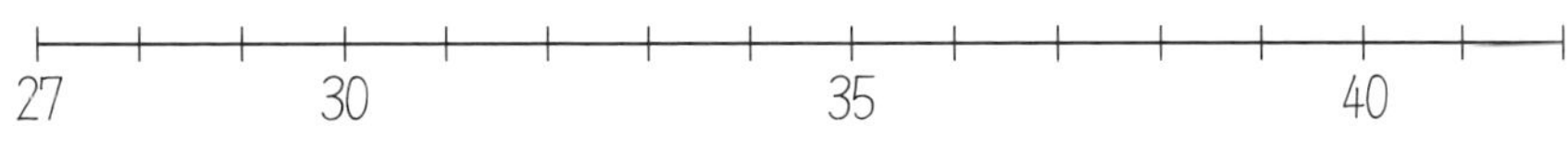

答え

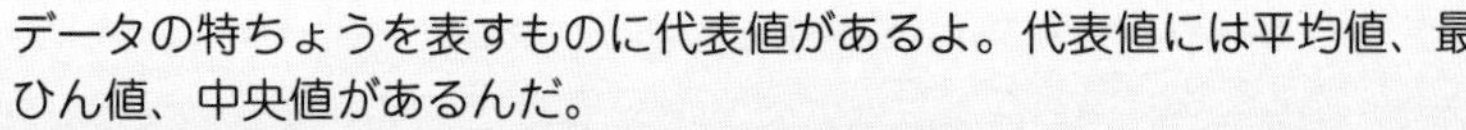

データの特ちょうを表すものに代表値があるよ。代表値には平均値、最ひん値、中央値があるんだ。

資料の整理 ②

月　日

正答数　問／1問

◁ 次の表は6年生の体重で、小数点以下を四捨五入(ししゃごにゅう)したものです。

6年生の体重21名（kg）

31	29	30	34	28	33	39
33	34	32	36	30	34	35
38	31	32	35	36	34	33

次の階級に分けて整理して、柱状グラフをかきましょう。

階　級	数
28kg（以上）～30kg（未満）	
30kg～32kg	
32kg～34kg	
34kg～36kg	
36kg～38kg	
38kg～40kg	

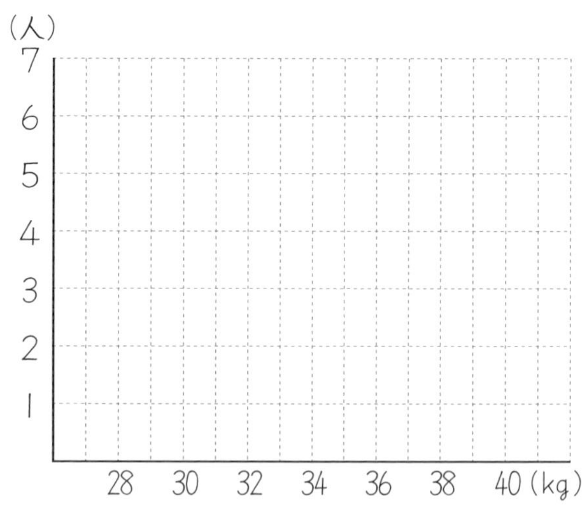

データのちらばり具合を調べるため、階級ごとの度数（データの個数）を調べた表を度数分布表というよ。

資料の整理 ③

月　日

正答数　問／3問

次の柱状グラフは、1組全員の50ｍ走の記録です。

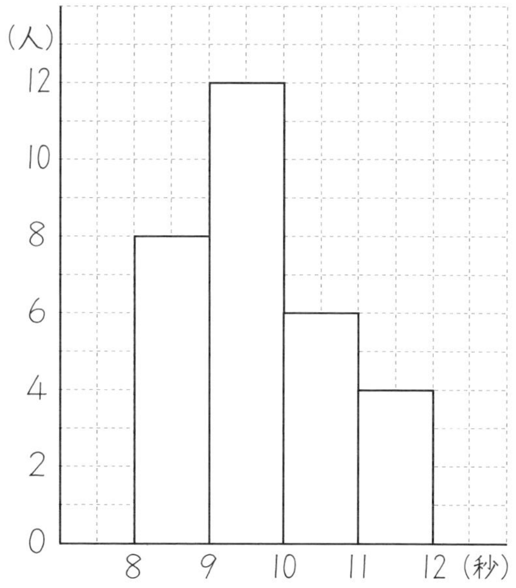

① 人数が一番多いのは、何秒以上、何秒未満のところですか。

答え

② 1組は全部で何人ですか。

答え

③ さとるさんは9.2秒でした。速い方から数えて何番目から何番目の間にいますか。

答え

③ さとるさんの記録から、９秒以上10秒未満の階級に入るね。
8＋1＝9 番目から 8＋12＝20 番目の間だよ。

48 資料の整理 ④

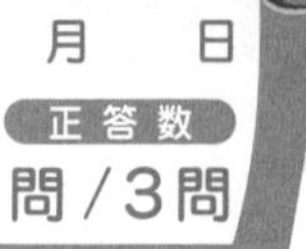

次の数は、６年生８人の身長の数値（cm）です。

150、143、152、148
144、146、148、149

① 平均値を求めましょう。

式

答え ＿＿＿＿＿＿

② 中央値を求めましょう。

答え ＿＿＿＿＿＿

③ 最ひん値を求めましょう。

答え ＿＿＿＿＿＿

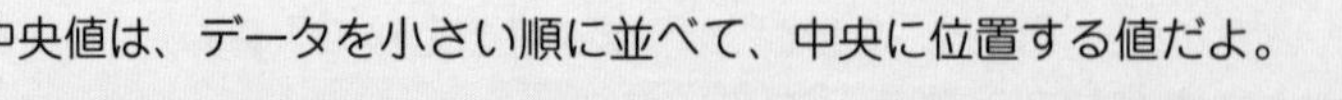
中央値は、データを小さい順に並べて、中央に位置する値だよ。

1 ものの燃え方

月　日　正答数　問／3問

酸素、二酸化炭素、ちっ素のどれかが入ったびん①、②、③があります。

次の実験の結果からそれぞれの気体の名前を答えましょう。

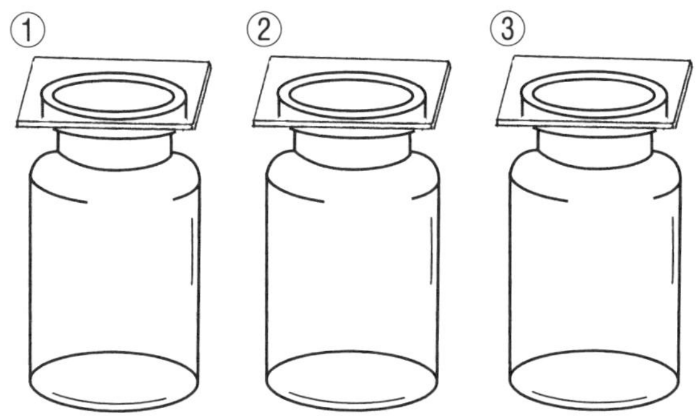

（実験１）　３つの気体の重さをはかると、①が一番重く、②、③は同じぐらいです。

（実験２）　火のついたろうそくをそれぞれのびんの中に入れると、①、②はすぐに火が消え、③は明るくかがやいて燃えました。

（実験３）　実験２のあと、びんの中に石灰水（せっかいすい）を入れてよくふると、①、③は白くにごり、②は変化しませんでした。

①（　　　　　）　②（　　　　　）　③（　　　　　）

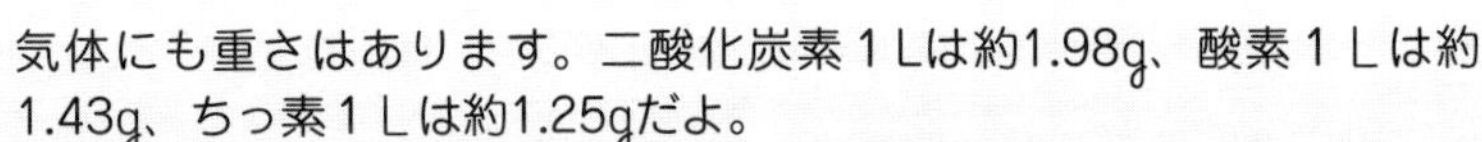
気体にも重さはあります。二酸化炭素１Lは約1.98g、酸素１Lは約1.43g、ちっ素１Lは約1.25gだよ。

2 ヒトや動物の体 ①

月　日

正答数　問／7問

1　次の（　）にあてはまる言葉を［　］から選んで書きましょう。

図の㋐の部分は（①　　　　）、㋑の部分は（②　　　　）といいます。

㋑には、㋒のようにさらに細かいふくろのような部分があります。これを（③　　　　）といいます。㋒のまわりには（④　　　　）という細かい血管がとりかこんでいます。

㋐
㋑
㋒
血管

肺（はい）　肺ほう　気管　毛細血管

2　心臓（しんぞう）と血液のはたらきについて、正しいものには○を、まちがっているものには×をつけましょう。

①（　）　静脈を通ってきた血液は、心臓を通り、肺に運ばれ、そこで二酸化炭素と酸素をとりかえます。

②（　）　心臓から全身へ送り出される血液は、酸素をたくさんふくんでいます。

③（　）　心臓から出ていく血液が通る血管を静脈といいます。

毛細血管は、動脈と静脈をつなぐ細い網目（あみめ）状の血管のことだよ。

3 ヒトや動物の体 ②

月　日

正答数　問 /11問

1 次の(　)にあてはまる言葉を[　]から選んで書きましょう。

心臓(しんぞう)が血液を送り出すときの動きは、血管に伝わり、手首などでも(①　　　)となって表れます。

心臓には(②　　　)つの部屋があり、向かって右側に(③　　　)から血液が入ってくる部屋と、(④　　　)に血液を送り出す部屋があります。部屋と部屋の間には(⑤　　　)があり、血液の逆流を防ぎます。

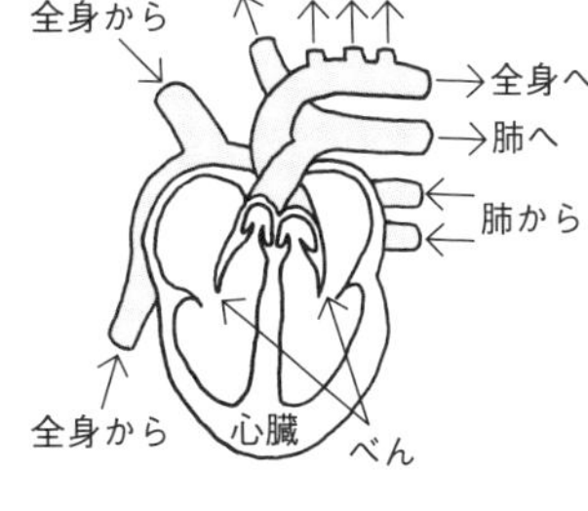

心臓を正面から見たところ

また、心臓から血液を送り出している血管を(⑥　　　)、心臓にもどってくる血管を(⑦　　　)といいます。

動脈	静脈	脈はく	全身	肺(はい)	べん	4

2 次の動物のうち、肺呼吸(はいこきゅう)するものには○、えら呼吸するものには×をつけましょう。

① フナ (　　)　② クジラ (　　)

③ イヌ (　　)　④ サメ (　　)

心臓は強い圧力で血液を送り出すので、血管のかべは圧力を受けるよ。この圧力を血圧というよ。

4 植物のつくり

月　日
正答数
問／7問

次の（　）にあてはまる言葉を［　］から選んで書きましょう。

日光があたって葉にできた養分の（①　　　　）は植物のいろいろな部分に運ばれます。

（①）は水に（②　　　　）。

（①）は植物の成長に使われたり、（③　　　　）・種・くき・根などにたくわえられたりします。

（④　　　　）の葉をもつ植物は、（⑤　　　　）で、養分をつくり、自

分の栄養として使ったり、果実やイモなどとしてたくわえたりします。

植物は、日光をたくさん受けるために競争しています。ほかの植物ととなりあわせで生きる植物は、葉を広げる（⑥　　　　）をずらしたり、（⑦　　　　）を長くして、ほかの植物より上にのびたりします。

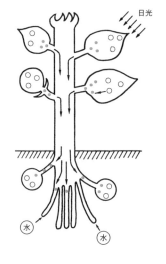

日光
水
水

でんぷん　　くき　　果実　　緑色
葉　　とけません　　時期

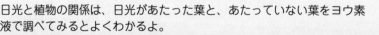

日光と植物の関係は、日光があたった葉と、あたっていない葉をヨウ素液で調べてみるとよくわかるよ。

月と太陽 ①

月　日
正答数
問／8問

次のようにボールと電灯を使って実験をします。

〈実験〉　観察者は円の中心から観察します。円の中心が地球、8個のボールは公転する月、電灯は太陽です。

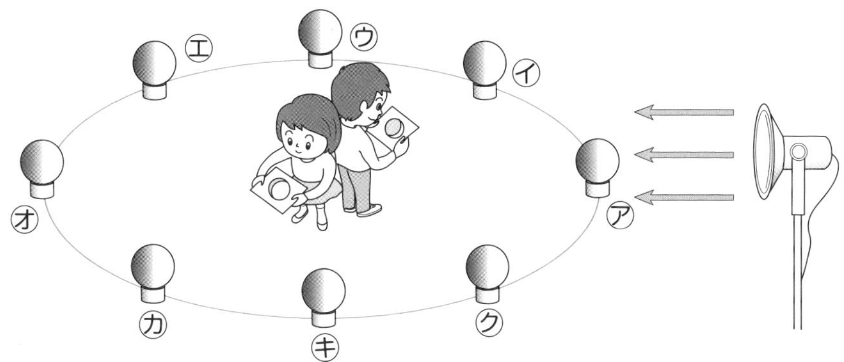

下のそれぞれのカードは、上のア～クのどの位置のものですか。記号で答えましょう。

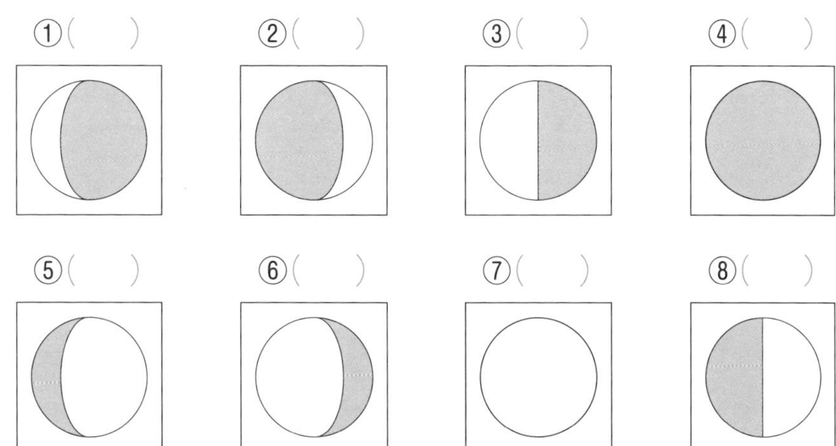

この実験のように、地球上の観察者は、太陽の光を受けてかがやく月を見ているんだね。オが満月だよ。

月と太陽 ②

月　日
正答数
問 /10問

次の文を見て、月について書かれた文には○、太陽について書かれた文には△、どちらにもあてはまらない文には×をつけましょう。

① (　　) クレーターと呼(よ)ばれる円形のくぼみがあります。

② (　　) 表面の温度は約6000℃あります。

③ (　　) 水のたまった海があります。

④ (　　) 表面は岩石や砂(すな)でできています。

⑤ (　　) 衛星の仲間です。

⑥ (　　) 直径は約3500kmで、地球の約$\frac{1}{4}$の大きさです。

⑦ (　　) たえず強い光を出しています。

⑧ (　　) 気体でできた星です。

⑨ (　　) こう星の仲間です。

⑩ (　　) 黒点と呼ばれる部分があります。

わく星は、太陽のまわりをまわっている星。衛星は、わく星のまわりをまわっている星。こう星は、自ら光や熱を出す星をいうよ。

7 大地のつくり①

1　次の（　）にあてはまる言葉を［　　］から選んで書きましょう。

水の流れているところに、小石・砂（すな）・ねん土を流すと（①　　　）はすぐ底に積もりますが、（②　　　）はさらに流され積もります。（③　　　）はなかなかしずまないで、遠くまで運ばれます。こう水などで、川の流れの速さや（④　　　）が変化すると、小石・砂・ねん土などの（⑤　　　）場所が変わります。このようなことがくり返されて、湖や（⑥　　　）の底に（⑦　　　）が、できます。

水量　小石　砂　ねん土　しずむ　海　地層（ちそう）

2　貝の化石のでき方と、それが陸上の地層で見つかるまでを正しい順に並（なら）べましょう。

㋐　まわりから大きな力で地層がおし上げられ、地上に出た。

㋑　長い年月の間に、砂やねん土が積み重なって地層ができ、貝の死がいは化石になる。

㋒　貝の死がいの上に、水に流された砂やねん土が積もった。

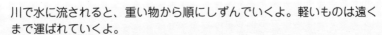

川で水に流されると、重い物から順にしずんでいくよ。軽いものは遠くまで運ばれていくよ。

8 大地のつくり ②

1 図を見てあとの問いに答えましょう。

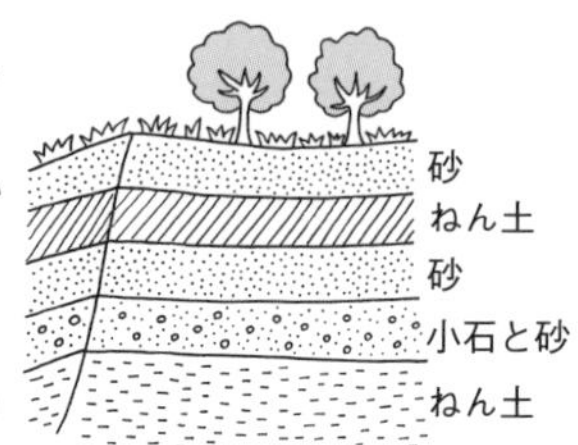

(1) 砂（すな）やねん土の層（そう）が積み重なって、しまもようをつくっています。これを何といいますか。

（　　　　）

(2) このがけの小石や砂は、角がとれて丸みをおびていました。このことからいえることを１つ選び、○をつけましょう。

①（　　）この小石や砂は、海や湖の底に積もったもの。

②（　　）この小石や砂は、火山のふん火でできたもの。

2 次の文は、火山活動や地しんについて書かれたものです。正しい文には○、まちがっている文には×をつけましょう。

①（　　）海底で起こった地しんのときは、津波（つなみ）が発生することもあります。

②（　　）火山のふん火で出る火山灰（かざんばい）が地層のほとんどをつくっています。

③（　　）地しんによってできる大地のずれのことを断層といいます。

④（　　）地しんは、ナマズという魚が起こします。

1995年１月17日の阪神・淡路大震災では、震源地の淡路の野島断層（のじまだんそう）は右横に最大約２ｍも横ずれしたよ。

9 水よう液の性質 ①

月　日

正答数

問／7問

1 次の文において、正しいものには○、まちがっているものには×をつけましょう。

① (　　) アルカリ性の水よう液は、すべて固体がとけてできています。

② (　　) 水よう液が酸性かどうかは、青色リトマス紙だけでも調べることができます。

③ (　　) 水よう液が中性かどうかは、赤色リトマス紙だけでは調べることができません。

④ (　　) リトマス紙を箱からとり出すときは、手で1枚(まい)ずつとり出します。

⑤ (　　) リトマス紙に、ガラス棒(ぼう)で液をつけるとき、ガラス棒は使うたびに水で洗(あら)い、かわいた布でふきとります。

2 右の図のような実験をしました。

① Ⓐを青色リトマス紙にすると、どうなりますか。

(　　　　　　　　　　)

② Ⓐを赤色リトマス紙にすると、どうなりますか。

(　　　　　　　　　　)

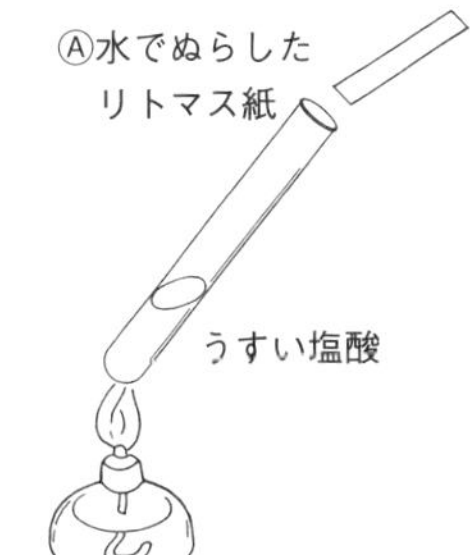

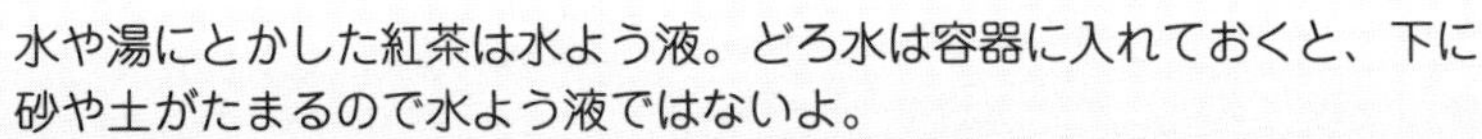

水や湯にとかした紅茶は水よう液。どろ水は容器に入れておくと、下に砂や土がたまるので水よう液ではないよ。

水よう液の性質②

月　日

正答数　問／4問

6本の試験管に2本ずつ、塩酸、水酸化ナトリウム水よう液、食塩水を入れました。図のようにアルミニウム片（へん）とスチールウールを入れると、次の表のような結果になりました。

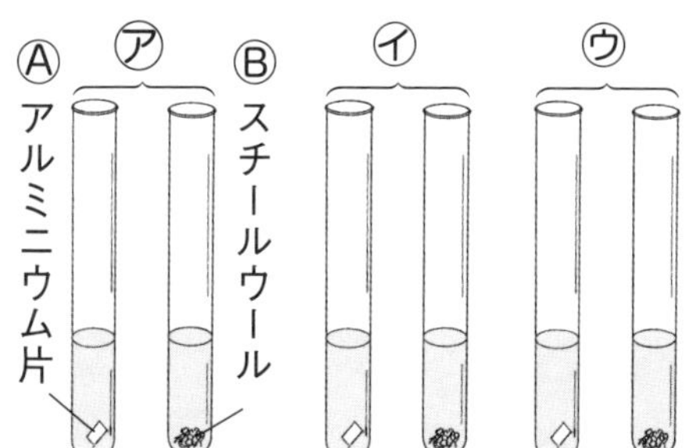

	Ⓐ	Ⓑ
㋐	とけない	とけない
㋑	とけた	とけた
㋒	とけた	とけない

(1) 上の表から、㋐、㋑、㋒の液の名前を答えましょう。

㋐（　　　　　　　　　　）

㋑（　　　　　　　　　　）

㋒（　　　　　　　　　　）

(2) ㋑のアルミニウム片をとかした液を、蒸発皿（じょうはつざら）で加熱しました。どうなりますか。正しいものを選んで、○をつけましょう。

㋐（　　　）白い粉が残った。

㋑（　　　）黒い粉が残った。

㋒（　　　）何も残らない。

固体のとけた水よう液…砂糖水　液体のとけた水よう液…す
気体のとけた水よう液…炭酸水

11 てこのはたらき ①

月　日
正答数 問／6問

1　図のように、長い棒(ぼう)を使って、㋒㋓㋔のどれかに力を加えて重い石を動かします。

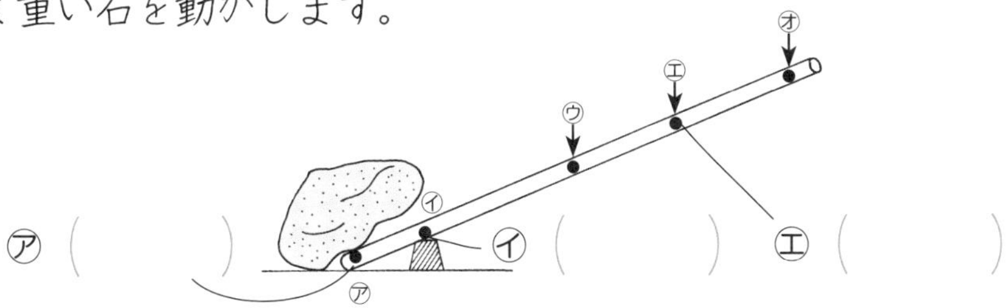

(1)　㋐、㋑、㋓の点は、それぞれ何といいますか。

(2)　㋒、㋓、㋔のうち、どこをおすと、一番小さい力で石を動かせますか。（　　　）

2　棒をてことして使って、砂(すな)の入ったふくろを持ち上げるときの手ごたえを比べました。

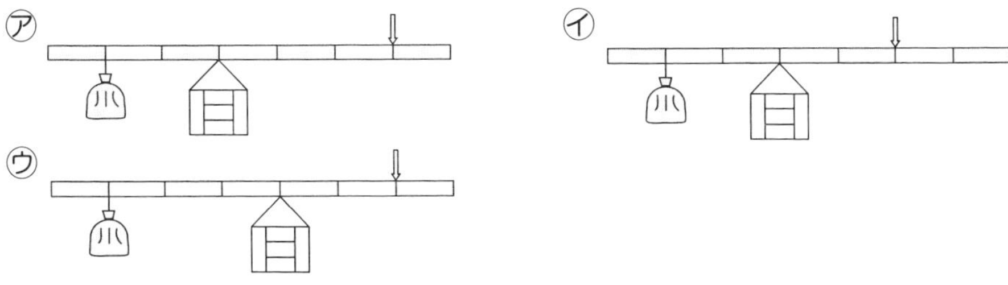

支点・力点の位置を変えたとき、手ごたえのちがいを、図の㋐～㋒のどれとどれで比べますか。

①　支点を変えたとき（　　　と　　　）

②　力点を変えたとき（　　　と　　　）

人の力には限りがあるので、小さい力を大きな力に変える道具は、とても便利だね。

てこのはたらき ②

月　日
正答数
問 /10問

1　図のように、実験用てこがつりあっているとき、(　　)は何gですか。

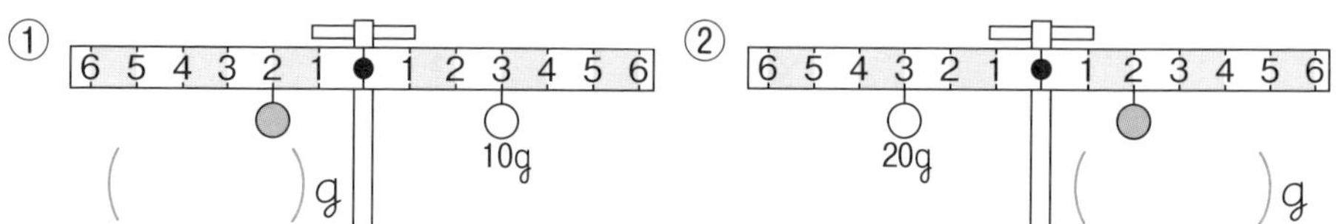

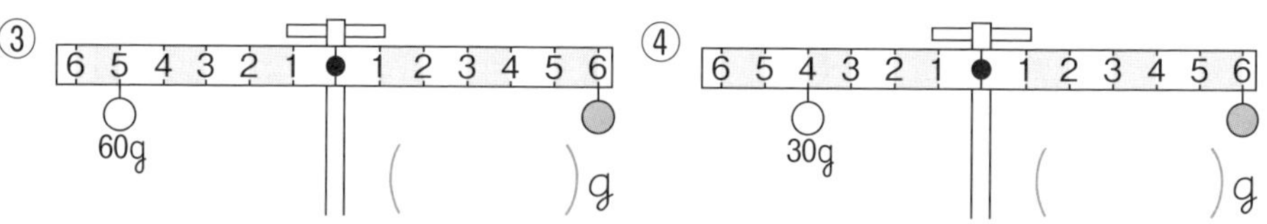

2　図は、てこのはたらきを利用した道具です。図の□に支点、力点、作用点を書きましょう。

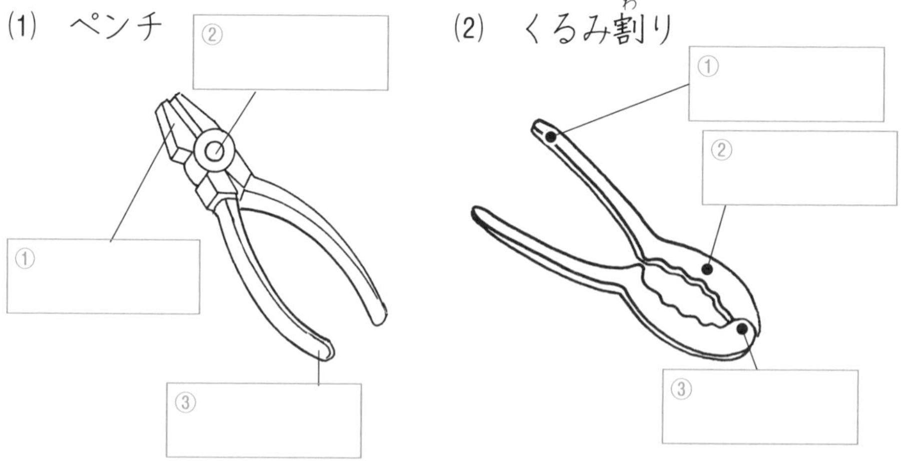

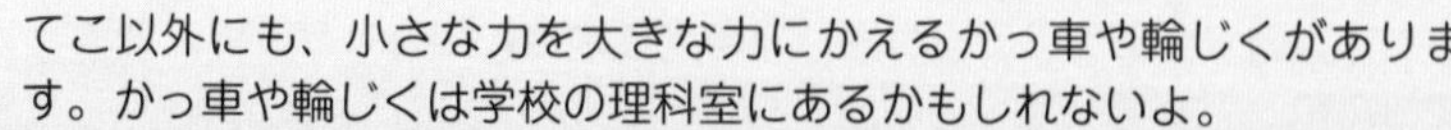

てこ以外にも、小さな力を大きな力にかえるかっ車や輪じくがあります。かっ車や輪じくは学校の理科室にあるかもしれないよ。

電気の利用 ①

月　日

正答数　問／6問

次の（　）にあてはまる言葉を［　］から選んで書きましょう。

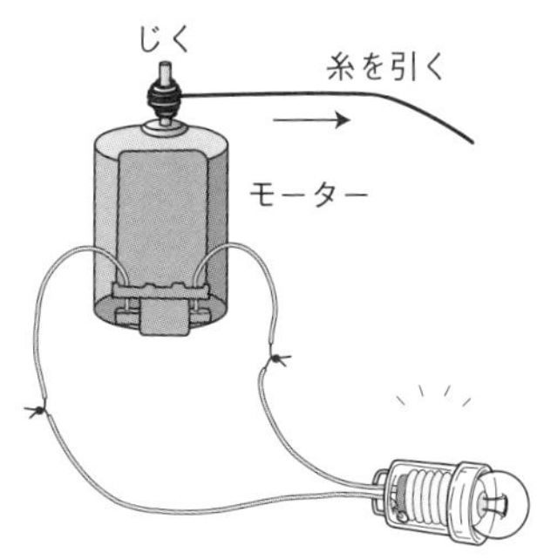

図のように（①　　　）をつないだモーターのじくを、糸を引いて（②　　　）させました。すると（①）の明かりがつきました。このしくみを利用したのが手まわし発電機です。

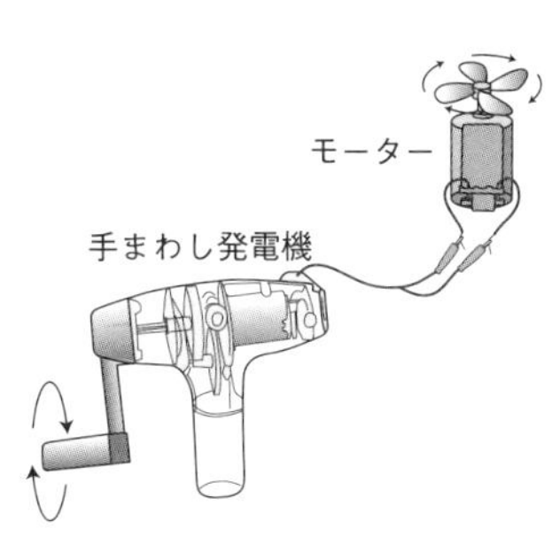

手まわし発電機のハンドルをまわすと（③　　　）がつくられて、モーターが回転しました。このように（③）をつくることを（④　　　）といいます。

ハンドルを逆向きにまわすとモーターも（⑤　　　）に回転しました。これは（⑥　　　）の向きが逆になったからです。

電気　豆電球　回転　逆向き　電流　発電

発光ダイオードはLED（ライト　エミティング　ダイオード）とも呼ばれているよ。ふつうの電球より少ない電流で明るくなるよ。

電気の利用 ②

月　日
正答数
問／7問

次の(　　)にあてはまる言葉を［　］から選んで書きましょう。

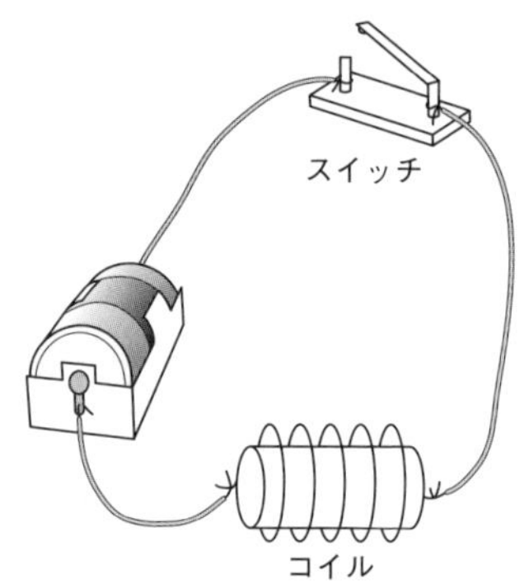

コイルに(①　　　　　)を流すと、導線が(②　　　　　)なることがあります。

これは電流に導線を(③　　　　　)させるはたらきがあるからです。

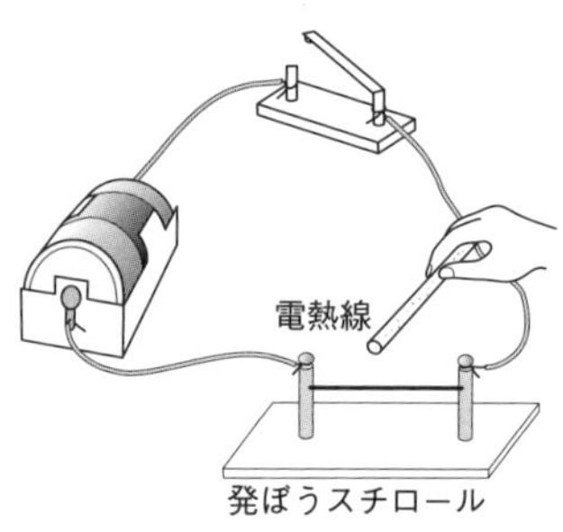

電熱線の太さ	切れるまでの時間
太い 直径0.4mm	約2秒
細い 直径0.2mm	約4秒

太さのちがう(④　　　　　)に電流を流し、発ぽうスチロールが切れるまでの時間を調べました。

発ぽうスチロールが切れるまでの時間は、太い電熱線を使ったときは、(⑤　　　　　)かかりました。(⑥　　　　　)電熱線を使ったときでは約4秒かかりました。このことから電熱線の(⑦　　　　　)方が電流による発熱が大きいことがわかります。

太い　細い　約2秒　熱く　電流　発熱　電熱線

電気のエネルギーは、熱を出したり、モーターをまわしたりするよ。

15 生物とかん境 ①

次の（　）にあてはまる言葉を［　］から選んで書きましょう。

動物は、空気と（①　　　）がなければ、生きていくことができません。空気中の（②　　　）を体内に取り入れ、体内でできた（③　　　）を体外に出す（④　　　）をしています。これは植物も同じです。

植物は、根から吸い上げた水と空気中から取り入れた（③）とで、葉の（⑤　　　）の部分で、光のエネルギーを使って（⑥　　　）をつくります。このときにできる（②）を空気中に放出します。

草食動物は、草などの（⑦　　　）を食物として取ります。

ヒトや肉食動物は、（⑦）のほかに（⑧　　　）を食物として取ります。その栄養はもとをたどれば（⑦）がつくったものなのです。

動物	養分	二酸化炭素	水
酸素	緑色	植物	呼吸

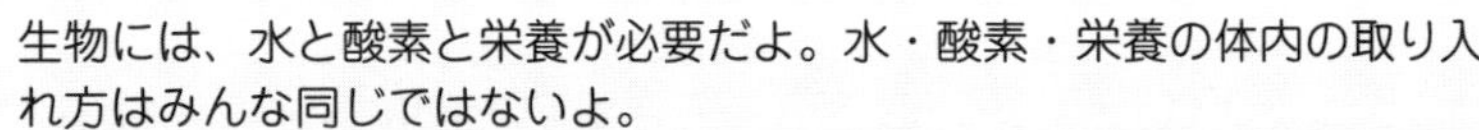
生物には、水と酸素と栄養が必要だよ。水・酸素・栄養の体内の取り入れ方はみんな同じではないよ。

16

生物とかん境②

月　日
正答数
問／8問

1　次の(　　)にあてはまる言葉を[　　　]から選んで書きましょう。

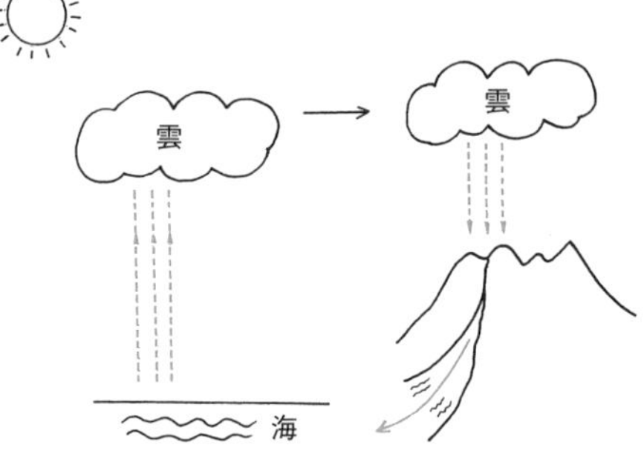

図は、水のじゅんかんを表しています。太陽の光を受けて海水が(①　　　　　)となって空気中に出ていきます。

(①)は上空で冷やされて(②　　　　　)となり、移動して地上に(③　　　　　)を降(ふ)らせます。降った(③)は土の中にしみこんだりしますが、やがて(④　　　　　)となって流れていき、湖や(⑤　　　　　)にたどり着きます。

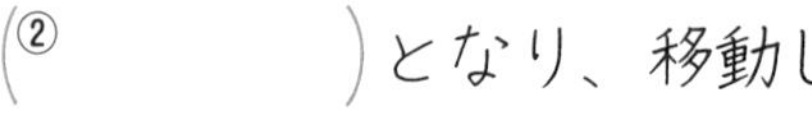

水蒸気(すいじょうき)	雨	海	雲	川

2　次の文のうち、正しいものには○、まちがっているものには×をつけましょう。

① (　　)　動物の進化の道すじは水の中からはじまりました。

② (　　)　人間の血液には、多くの水がふくまれています。

③ (　　)　肉食動物は、水や植物がなくても生きていけます。

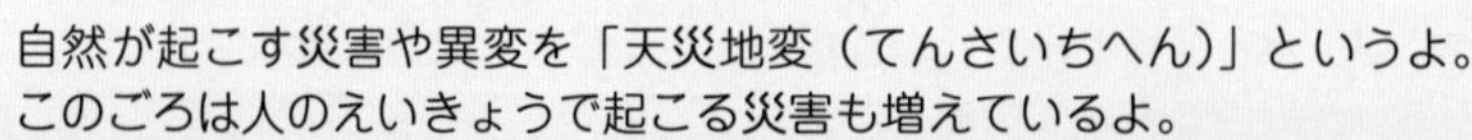
自然が起こす災害や異変を「天災地変(てんさいちへん)」というよ。
このごろは人のえいきょうで起こる災害も増えているよ。

わたしたちの生活と政治 ①

月　日

正答数　問／9問

1　図の①〜⑦に入る言葉を［　　］から選んで書きましょう。

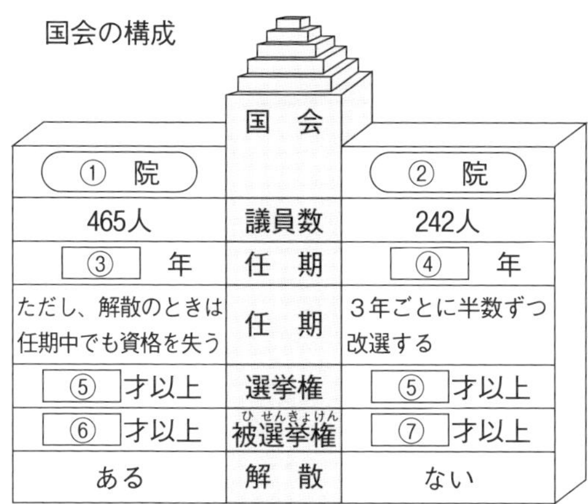

①	②	③	④
⑤	⑥	⑦	

25　30　4　6　18　参議　衆議

2　国会の仕事の中で、一番重要なことは何をつくることで、何といいますか。

①　何をつくる　（　　　　　）

②　何という　（　　　　　）

参政権は、選挙権・被選挙権・公務員となる権利・公務員をひ免する権利・国民審査の権利などがあるよ。

わたしたちの生活と政治 ②

月　日
正答数
問／7問

図は、国の政治を行う３つの機関の関係を表しています。

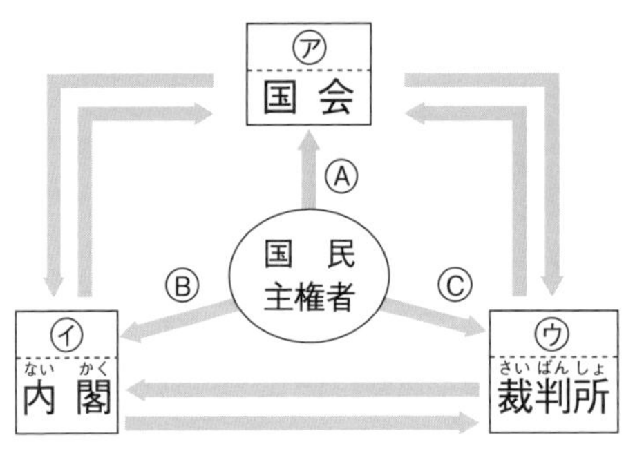

(1)　図の㋐～㋒は、司法、行政、立法のどの仕事をしていますか。

㋐	
㋑	
㋒	

(2)　このように３つの機関に政治を分担（ぶんたん）することを何といいますか。

（　　　　　　　　）

(3)　Ⓐ～Ⓒにあてはまる言葉を、［　］から選んで書きましょう。

Ⓐ		Ⓑ	
Ⓒ			

国民審査（しんさ）　　選挙　　世論（せろん）（よろん）

国民審査とは、最高裁判所裁判官の適・不適を審査する制度のことだよ。

3 縄文・弥生・古墳時代

月　日
正答数
問／7問

1　絵㋐、㋑は、縄文(じょうもん)時代と弥生(やよい)時代のどちらですか。

㋐

㋑

㋐（　　　　　）　㋑（　　　　　）

2　米づくりの道具の使い方を［　　］から選んで、（　）に記号で書きましょう。

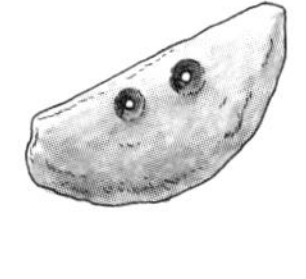

（　　　）

②

（　　　）

③
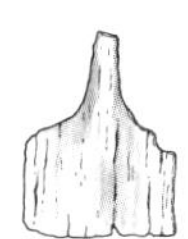

（　　　）

㋐　食料を保存(ほぞん)する　㋑　土をほりおこす　㋒　稲(いね)をかる

3　正しい方に○をつけましょう。

(1)　絵のような古墳(こふん)を何といいますか。

（　前方後円墳(ぜんぽうこうえんふん)　・　前円後方墳(ぜんえんこうほうふん)　）

(2)　古墳とは何ですか。

（　王や豪族(ごうぞく)の墓・みんなの共同墓地　）

縄文時代は、１万年以上前からはじまり、次に弥生時代になり、約800年あまり続いたよ。

飛鳥・奈良時代

年表を見て、あとの問いに答えましょう。

時代	年代	できごと
① 時代	593年	聖徳太子（しょうとくたいし）が摂政（せっしょう）となる
	604年	役人の心得として ② を定める
	607年	小野妹子（おののいもこ）を ③ として送る
	645年	大化の改新がはじまる
奈良時代	710年	都が奈良の ④ へ移る
	752年	大仏がつくられる

(1) □にあてはまる言葉を⬚から選んで書きましょう。

飛鳥（あすか）　平城京　遣隋使（けんずいし）　十七条の憲法

(2) 蘇我氏（そがし）をたおし、大化の改新を進めた２人はだれですか。

（　　　　）（　　　　）

(3) 大仏を建てさせた人、大仏のある寺の名前を書きましょう。

建てさせた人（①　　　　）　寺の名前（②　　　　）

東大寺は1998年に世界遺産に登録されたよ。

5 平安時代

月　日
正答数　問／6問

年表を見て、あとの問いに答えましょう。

時代	年代	できごと
平安時代	794年	都が京都の ① ［　　　　］ へ移る
	894年	② ［　　　　］ が廃止(はいし)される
	1016年	③ ［　　　　］ が摂政(せっしょう)となる
	1185年	④ ［　　　　］ の戦いで平氏(へいし)がほろびる

(1) ［　　］にあてはまる言葉を［　　］から選んで書きましょう。

壇ノ浦(だんのうら)　平安京　藤原道長(ふじわらのみちなが)　遣唐使(けんとうし)

(2) 平安時代の貴族(きぞく)の女性は、絵のようなものを着ていました。何という服装(ふくそう)ですか。

(　　　　　　　)

(3) この時代、源氏物語(げんじものがたり)を書いたのはだれですか。

(　　　　　　　)

この時代に、「源氏物語」、清少納言の「枕草子」などの文学作品がうまれたよ。

6 鎌倉時代

月　日
正答数
問／6問

年表を見て、あとの問いに答えましょう。

時代	年代	できごと
① 時代	1192年	② が征夷大将軍（せいいたいしょうぐん）となる
	1274年	③ 軍がせめてくる（1回目）
	1281年	（③）軍がせめてくる（2回目）
	1333年	（①）幕府（ばくふ）がほろびる

(1) □にあてはまる言葉を┆┆から選んで書きましょう。

源頼朝（みなもとのよりとも）　鎌倉（かまくら）　元（げん）

(2) ②は、どのようにして武士をしたがえましたか。

手がらを立てた武士に領地をあたえる…（㋐　　）

武士は幕府のために戦う……………（㋑　　）

(3) 源氏（げんじ）が3代でとだえたあと、幕府の政治を進めたのは、だれですか。正しいものに○をつけましょう。

（　）北条氏（ほうじょう）　（　）蘇我氏（そが）　（　）物部氏（もののべ）

征夷大将軍とは軍の一番上の人のこと。鎌倉時代からは、幕府の長を示す地位を表し、江戸時代まで続いたよ。

料金受取人払郵便

大阪北局
承認
4911

差出有効期限
2026年5月31日まで
※切手を貼らずに
お出しください。

郵便はがき

530-8790

156

大阪市北区曽根崎 2-11-16
梅田セントラルビル

清風堂書店
愛読者係 行

愛読者カード ご購入ありがとうございます。

フリガナ / お名前		性別	
		年齢	歳
TEL		ご職業	
ご住所			
E-mail	@		

ご記入いただいた個人情報は、当社の出版の参考にのみ活用させていただきます。第三者には一切開示いたしません。

・学力がアップする教材満載の**カタログ送付を希望**します。□

●ご購入書籍・プリント名

●ご購入店舗・サイト名等(　　　　　　　　　　　　　　　　)

●ご購入の決め手は何ですか？（あてはまる数字に○をつけてください）

1.表紙・タイトル　2.内容　3.価格　4.SNS や HP
5.知人の紹介　6.その他(　　　　　　　　　　　　　　　)

●本書の内容には、ご満足いただけたでしょうか？（あてはまる数字に○をつけてください）

たいへん満足　5　4　3　2　1　不満

●本書の**良かったところ**や、**改善してほしいところ**を教えてください。

●ご意見・ご感想、**本書の内容に関してのご質問**、また今後**欲しい商品のアイデア**がありましたら、下欄にご記入ください。

※ご協力ありがとうございました。

★ご感想を小社 SNS、HP 等で匿名でご紹介させていただく場合もございます。

□ 可　□ 不可

HP で他の商品もご覧いただけます。

★おハガキをいただいた方の中から、抽選で 20 名様に 1,000 円分の図書カードをプレゼント！当選の発表は、商品の発送をもってかえさせていただきます。

室町時代

月　日
正答数　問／7問

年表を見て、あとの問いに答えましょう。

時代	年代	できごと
①＿＿時代	1338年	②＿＿が京都に幕府(ばくふ)を開く
	1397年	3代将軍(しょうぐん)③＿＿が金閣(きんかく)を建てる
	1467年	応仁(おうにん)の乱(らん)が起こる
	1489年	8代将軍④＿＿が銀閣(ぎんかく)を建てる

(1) □にあてはまる言葉を□から選んで書きましょう。

足利尊氏(あしかがたかうじ)　足利義政(あしかがよしまさ)　足利義満(あしかがよしみつ)　室町(むろまち)

(2) この時代の文化について、□から選んで、記号で答えましょう。

① 墨(すみ)で自然のようすをえがいた絵　(　　)

② 床(とこ)の間(ま)にかざる花。のちに華道(かどう)として広まる　(　　)

③ 水や木を使わず、石や砂(すな)で水面やたきを表現した庭　(　　)

㋐石庭　㋑生(い)け花(ばな)　㋒水墨画(すいぼくが)

銀閣の1階部分は、現在の和室のような造りになっているんだよ。

8 安土・桃山時代

月　日
正答数
問／7問

下の年表を見て、あとの問いに答えましょう。

時代	年代	できごと
室町(むろまち)時代	1543年	② ＿＿＿ に鉄砲(てっぽう)が伝わる
	1549年	キリスト教が伝わる
	1573年	③ ＿＿＿ が室町幕府(ばくふ)をほろぼす
① ＿＿＿ 時代	1576年	(③) が ④ ＿＿＿ 城を築く
	1582年	(③) が ⑤ ＿＿＿ で明智光秀(あけちみつひで)にせめられ自害
	1582年	⑥ ＿＿＿ が検地(けんち)をはじめる
	1588年	(⑥) が刀狩(かたながり)を行う
	1590年	(⑥) が全国を統一
	1592年	(⑥) が ⑦ ＿＿＿ に出兵

□にあてはまる言葉を┆┆から選んで書きましょう。

安土・桃山(あづち ももやま)　本能寺(ほんのうじ)　種子島(たねがしま)　織田信長(おだのぶなが)
豊臣秀吉(とよとみひでよし)　朝鮮(ちょうせん)　安土

天下の統一に大きな力を発揮したのは、織田信長、豊臣秀吉、徳川家康の3人だね。

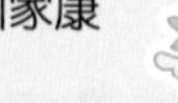

江戸時代①

下の年表を見て、あとの問いに答えましょう。

時代	年代	できごと
	1600年	関ケ原(せきがはら)の戦いが起こる
①［　　　］時代	1603年	②［　　　］が、幕府(ばくふ)を開く
	1615年	武家諸法度(ぶけしょはっと)を定める
	1635年	③［　　　］で、大名は１年おきに江戸(えど)に行くことが制度化された
	1637年	島原(しまばら)・天草(あまくさ)の一揆(いっき)が起こる
	1639年	鎖国(さこく)が完成する
	1649年	農民の細かな④［　　　］百姓(ひゃくしょう)への「おふれ書き」が出される

［　］にあてはまる言葉を［　］から選んで書きましょう。

徳川家康(とくがわいえやす)　　生活を規制する　　参勤交代(さんきんこうたい)　　江戸

1639年に鎖国が完成し、外国との交易は、オランダと中国の２国に限られてしまったんだ。

10 江戸時代 ②

次の（　）にあてはまる言葉を［　］から選んで書きましょう。

(1) 商人がしだいに経済力をのばし、大名に（①　　　）を貸す者も現れました。

かれらを中心に、大都市であった（②　　　）や（③　　　）はたいそうにぎわいました。

（②）は（④　　　　）と呼（よ）ばれ、日本の商業の中心地でした。全国から物が集まり、また商品として各地に送られました。（③）は（⑤　　　　）と呼ばれ、武士と町人あわせて100万人という大都市でした。

江戸（えど）　大阪（おおさか）　天下の台所　将軍（しょうぐん）のおひざもと　お金

(2) 関係の深い言葉どうしを線で結びましょう。

① 人形浄瑠璃（じょうるり）　・　　・ ㋐ 歌川広重（うたがわひろしげ）

② 国学　・　　・ ㋑ 伊能忠敬（いのうただたか）

③ 日本地図　・　　・ ㋒ 本居宣長（もとおりのりなが）

④ 浮世絵（うきよえ）　・　　・ ㋓ 近松門左衛門（ちかまつもんざえもん）

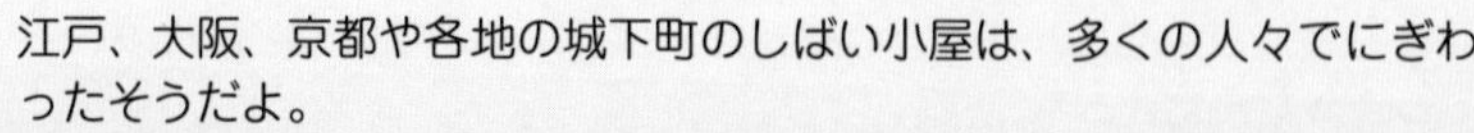

江戸、大阪、京都や各地の城下町のしばい小屋は、多くの人々でにぎわったそうだよ。

明治時代 ①

次の年表を見て、あとの問いに答えましょう。

時代	年	できごと
	1867年	徳川慶喜（とくがわよしのぶ）が ① □ をする
明治（めいじ）時代	1868年	② □ が出される
	1877年	西南戦争（せいなんせんそう）が起こる
	1886年	③ □ 事件が起こる
	1889年	④ □ が発布される
	1890年	第1回帝国（ていこく）議会が開かれる
	1894年	治外法権（ちがいほうけん）が廃止（はいし）される
		⑤ □ が起こる
	1901年	八幡製鉄所（やはたせいてつしょ）ができる
	1904年	⑥ □ が起こる

□にあてはまる言葉を□から選んで書きましょう。

大政奉還（たいせいほうかん）　ノルマントン号　五か条の御誓文（ごせいもん）
大日本帝国憲法（だいにほんていこくけんぽう）　日露戦争（にちろせんそう）　日清戦争（にっしんせんそう）

「大日本帝国憲法」が発布された1889（明治22）年に、鉄道の東海道本線が全線開通したよ。

12 明治時代②

1　(　　)にあてはまる言葉を[　　]から選んで書きましょう。

明治のはじめごろは(①　　　　)工業が中心で、おもに(②　　　　)をつくり輸出しました。(③　　　　)戦争のころから(④　　　　)工業が発達してきました。栃木県の(⑤　　　　)銅山では、日本で最初の公害事件が起こりました。衆議院議員の(⑥　　　　)は、(⑦　　　　)でそのことをただし、公害とたたかいました。

田中正造	重	生糸	軽
日露	国会	足尾	

2　次のことがらと関係の深い人物を[　　]から選んで、(　　)に記号を書きましょう。

① (　　) 『学問のすゝめ』を書き、考えも生活も欧米化すべきだとうったえた。

② (　　) 憲法をつくるために、ドイツの憲法を研究させた。

③ (　　) 憲法をつくり、国会を開いて政治を進めるべきだという「自由民権運動」をリードした。

㋐ 福沢諭吉　㋑ 伊藤博文　㋒ 板垣退助

1911年に、外務大臣の小村寿太郎が条約の改正に成功し、関税自主権が回復されたよ。

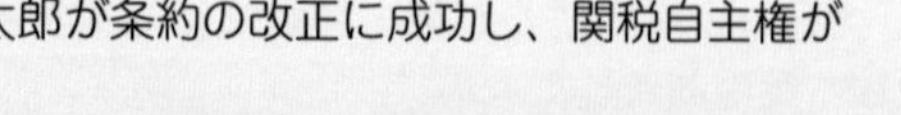

13 明治時代③

月　日
正答数
問／6問

次の（　）にあてはまる言葉を［　］から選んで書きましょう。

19世紀の末になると、欧米諸国はアジアに進出して利益を得ようとしました。それに対抗して日本も（①　　　）に進出しようとしていました。

1894年農民の反乱が起こり（①）が中国（清）に援軍を求めると、日本も対抗して軍隊を送り、両国の間で（②　　　）戦争が起こりました。日本は戦争に勝ち、講和条約を日本の（③　　　）で行いました。日本は、（④　　　）とリアオトン半島とともに、多額のばいしょう金を受け取りました。

日本の大陸進出をおそれた（⑤　　　）は、リアオトン半島を中国に返すように日本にせまり、日本は受け入れました。

その後、日本と（⑤）は朝鮮をめぐって対立し、1904年ついに（⑥　　　）戦争が起こりました。

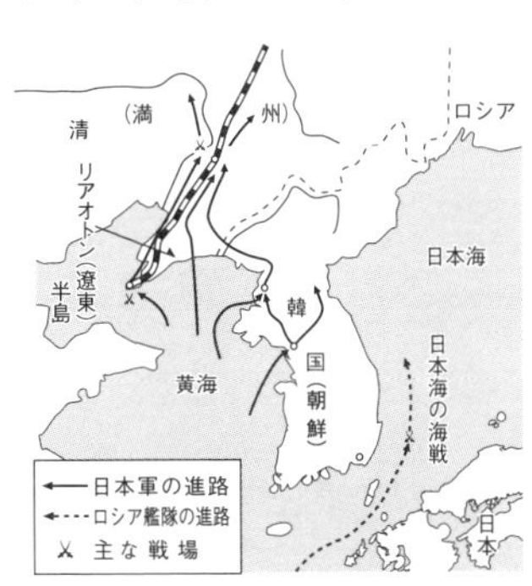

1904年に起こった戦争

日清　台湾　朝鮮　下関　ロシア　日露

八幡製鉄所は、1901年に福岡県に建てられた官営（政府が運営する）工場。鉄鉱の国産化を目指してつくられたよ。

14 明治時代④

月　日

正答数　問 /10問

1　明治時代の工業について正しいものに○、まちがっているものに×をつけましょう。

① (　　) 最初は政府が官営工場を建て、工業化を進めた。

② (　　) 工業化を進めた当初は、日本のすぐれた機械、技術者で工場が運営された。

③ (　　) 日清戦争のばいしょう金で、八幡製鉄所が建てられ、重工業もはじまった。

④ (　　) 生糸は輸出の中心になり、その量は世界一であった。

⑤ (　　) 産業がさかんになっても、工場や鉱山から出るけむりや廃水による公害はなかった。

2　明治時代に活やくした人と、その業績であうものを線で結びましょう。

① 夏目漱石 ・	・ ㋐	女性の英語教育に力を注いだ。
② 北里柴三郎 ・	・ ㋑	黄熱病の研究にその生涯をささげた。
③ 津田梅子 ・	・ ㋒	「君死にたまうことなかれ」とうたった。
④ 野口英世 ・	・ ㋓	作家で「坊っちゃん」などの著者。
⑤ 与謝野晶子 ・	・ ㋔	破傷風の治りょう法を発見した。

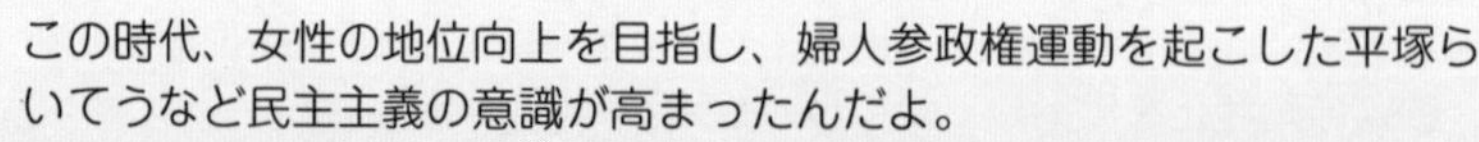
この時代、女性の地位向上を目指し、婦人参政権運動を起こした平塚らいてうなど民主主義の意識が高まったんだよ。

大正・昭和の時代 ①

年表を見てあとの問いに答えましょう。

年	できごと
1931年	①［　　　］が起こる
1933年	日本が国際連盟(こくさいれんめい)を脱退(だったい)する
1937年	②［　　　］が起こる
1939年	第二次世界大戦がはじまる
1941年	③［　　　］が起こる
1945年	広島・長崎に④［　　　］が投下される
	⑤［　　　］を受け入れ、終戦

(1) ［　　］にあてはまる言葉を［　　］から選んで書きましょう。

日中戦争　太平洋戦争　原子爆弾(ばくだん)　ポツダム宣言(せんげん)
満州事変(まんしゅうじへん)

(2) ①から⑤まで戦争は、何年続きましたか。

（　　　　）

1931年は昭和６年です。年号が「大正」から「昭和」に変わったころに生まれた人は、戦争や戦後の復興を実際に体験されているよ。

16 大正・昭和の時代 ②

月　日

正答数　問／8問

(　　)にあてはまる言葉を[　　]から選んで書きましょう。

第二次世界大戦のあと、世界は(①　　　　)を中心にした西側の国々と、(②　　　　)を中心とした東側の国々が対立しました。(③　　　　)と呼ばれたこの対立は朝鮮やドイツなど、同じ民族が2つの国に分けられる悲劇を生みました。

日本では、(④　　　　)で経済が復興し、1951年にはサンフランシスコ平和条約を結び、独立を回復しました。さらに、アメリカと(⑤　　　　)条約を結び、つながりを深くしました。

その後、日本経済は急速に発展し(⑥　　　　)時代がはじまりました。

(⑦　　　　)や鉄鋼などの重工業が発展し、高速道路や(⑧　　　　)などの交通網が整備されました。

日米安全保障	ソビエト連邦	朝鮮戦争	新幹線
冷たい戦争	アメリカ合衆国	自動車	高度経済成長

ドイツのベルリンのかべは、西側と東側の対立を表していたよ。1989年になくなるまで同じ国を2つに分けていたよ。

漢字の読み ①

月　日

正答数

問 /15問

次の漢字の読みがなを書きましょう。

① 異変（　　）

② 降雨（　　）

③ 参拝（　　）

④ 遺伝（　　）

⑤ 磁力（　　）

⑥ 操縦（　　）

⑦ 警察（　　）

⑧ 視野（　　）

⑨ 障子（　　）

⑩ 署長（　　）

⑪ 疑問（　　）

⑫ 領収（　　）

⑬ 納骨（　　）

⑭ 宅配（　　）

⑮ 孝行（　　）

同じ読み方だけど使われ方がちがう言葉だよ。
「署長」…警察署、消防署、「所長」…研究所、出張所

漢字の読み ②

月　日
正答数
問 /15問

次の漢字の読みがなを書きましょう。

① 大衆（　）
② 沿岸（　）
③ 宗教（　）
④ 就職（　）
⑤ 困難（　）
⑥ 官庁（　）
⑦ 絹糸（　）
⑧ 貴重（　）
⑨ 養蚕（　）
⑩ 推論（　）
⑪ 模様（　）
⑫ 秘密（　）
⑬ 注射（　）
⑭ 並木（　）
⑮ 鉄棒（　）

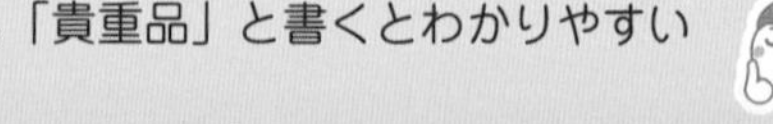

「貴重」だけではむずかしい言葉だね。「貴重品」と書くとわかりやすいね。

漢字の読み ③

次の漢字の読みがなを書きましょう。

① 長針（　　）
② 加盟（　　）
③ 存亡（　　）
④ 訪問（　　）
⑤ 縮尺（　　）
⑥ 分担（　　）
⑦ 垂直（　　）
⑧ 聖火（　　）
⑨ 内閣（　　）
⑩ 指揮（　　）
⑪ 蔵書（　　）
⑫ 蒸発（　　）
⑬ 観覧（　　）
⑭ 干潮（　　）
⑮ 検討（　　）

「干潮」「満潮」は潮のみちひきのこと。「干満の差が大きい」というように使うよ。

漢字の読み ④

月　日
正答数
問 /15問

次の漢字の読みがなを書きましょう。

① 皇后（　　）
② 陛下（　　）
③ 提供（　　）
④ 自己（　　）
⑤ 穴場（　　）
⑥ 冊子（　　）
⑦ 至急（　　）
⑧ 姿勢（　　）
⑨ 取捨（　　）
⑩ 従来（　　）
⑪ 俳優（　　）
⑫ 諸国（　　）
⑬ 仁義（　　）
⑭ 寸前（　　）
⑮ 肺臓（　　）

「皇后」「陛下」の、「后」と「陛」は、この言葉以外にあまり使われないよ。

漢字の読み ⑤

月　日
正答数
問 /15問

次の漢字の読みがなを書きましょう。

① 洗顔（　　）
② 運賃（　　）
③ 枚数（　　）
④ 法律（　　）
⑤ 臨時（　　）
⑥ 班長（　　）
⑦ 批評（　　）
⑧ 下巻（　　）
⑨ 看病（　　）
⑩ 度胸（　　）
⑪ 故郷（　　）
⑫ 系統（　　）
⑬ 源泉（　　）
⑭ 株式（　　）
⑮ 机（　　）

「故郷」に同じ意味の言葉に、郷土（きょうど）、郷里（きょうり）があるよ。ふるさともそうだね。

6 漢字の書き①

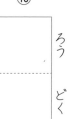

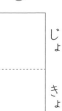

月　日
正答数　問 /15問

次の漢字を書きましょう。

① てんらん
② たんじょう
③ せんでん
④ はいいろ
⑤ うちゅう
⑥ こうちゃ
⑦ かくめい
⑧ ちょしゃ
⑨ うらぐち
⑩ ろうどく
⑪ えんげき
⑫ すなば
⑬ じょきょ
⑭ ざせき
⑮ きけん

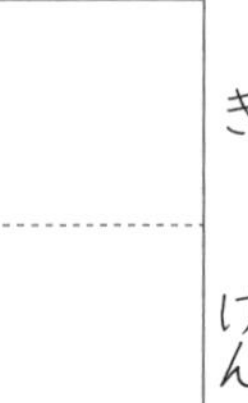
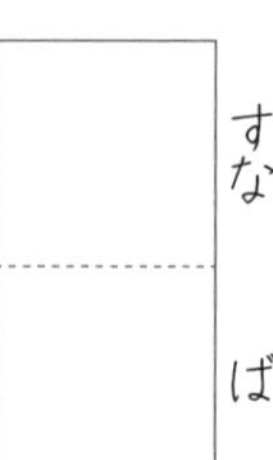
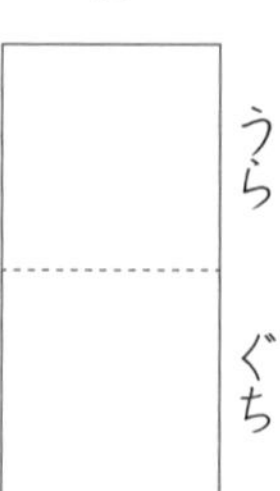
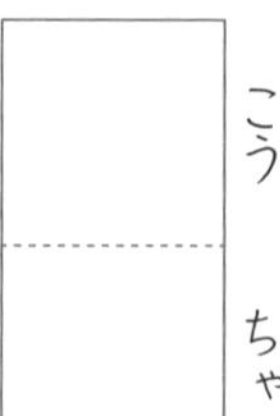

「こうちゃ」も緑茶も、お茶だよ。茶の若葉をつみとってつくるよ。

漢字の書き ②

月　日

正答数　問 /15問

次の漢字を書きましょう。

① わか｜ば

② こん｜らん

③ よう｜ちゅう

④ ちゅう｜じつ

⑤ そん｜けい

⑥ かん｜たん

⑦ かく｜だい

⑧ せい｜じつ

⑨ こく｜げん

⑩ えん｜そう

⑪ えん｜き

⑫ こ｜きゅう

⑬ こう｜てつ

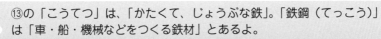

⑭ さい｜ばん

⑮ けん｜り

⑬の「こうてつ」は、「かたくて、じょうぶな鉄」。「鉄鋼（てっこう）」は「車・船・機械などをつくる鉄材」とあるよ。

8 漢字の書き ③

月　日
正答数
問 /15問

次の漢字を書きましょう。

① ぎゅうにゅう
② はいきん
③ かし（歌）
④ にっし
⑤ ふくつう
⑥ しょぶん
⑦ しょうぐん
⑧ じゅうしょう
⑨ かたて
⑩ えいが
⑪ せんもん
⑫ ちそう
⑬ けいざい
⑭ いちょう
⑮ たんさ

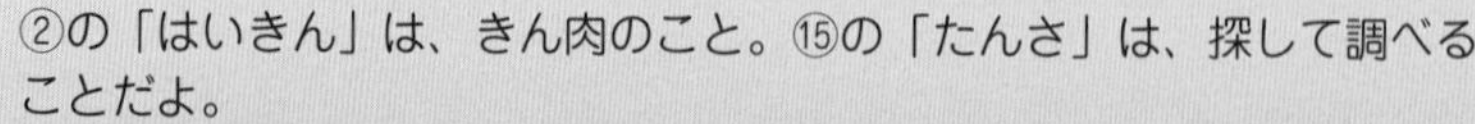

②の「はいきん」は、きん肉のこと。⑮の「たんさ」は、探して調べることだよ。

漢字の書き ④

月　日

正答数　問 /15問

次の漢字を書きましょう。

① かい だん

④ さ とう

⑦ ひ てい

⑩ すい げん

⑬ よく じつ

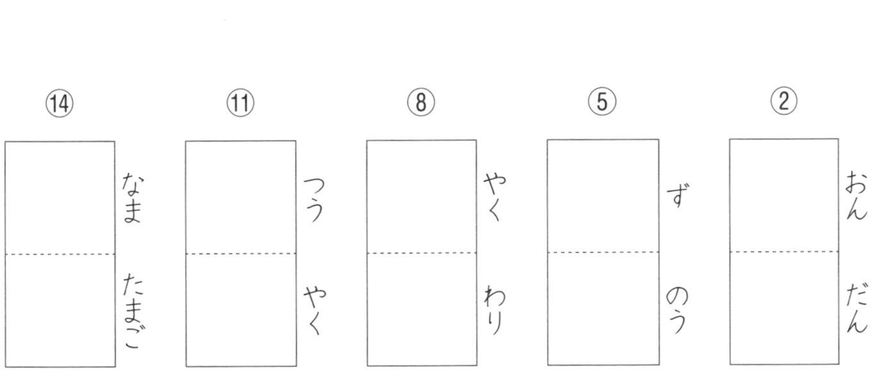

② おん だん

⑤ ず のう

⑧ やく わり

⑪ つう やく

⑭ なま たまご

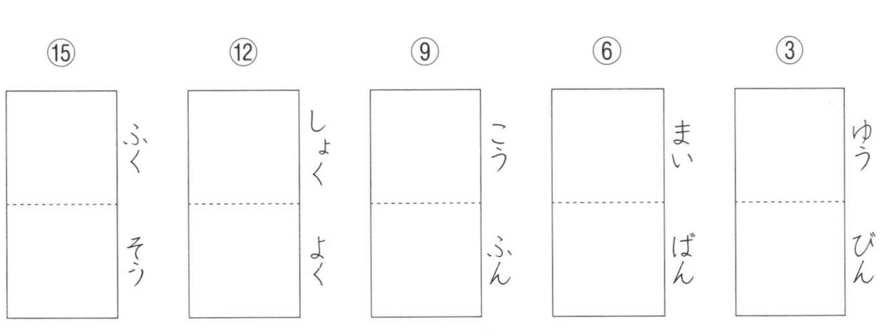

③ ゆう びん

⑥ まい ばん

⑨ こう ふん

⑫ しょく よく

⑮ ふく そう

①の「かいだん」は、上がったり下ったりするもの。こわい話は「怪談」だね。

10 漢字の書き ⑤

月　日

正答数　問 /15問

次の漢字を書きましょう。

① ほじょ

② おんじん

③ ちいき

④ けんぽう

⑤ じゅもく

⑥ きんむ

⑦ どうそう

⑧ ごさ

⑨ じゅんぱく

⑩ よきん

⑪ とうは

⑫ ちょうじょう

⑬ こくもつ

⑭ げきどう

⑮ かほう（家）

⑪「とうは」は、一つに結びついた政治の仲間のこと。

11 熟語づくり①

月　日

正答数

問／4問

矢印の方向に二文字の熟語ができます。□に入る漢字を[ ]から選んで書きましょう。

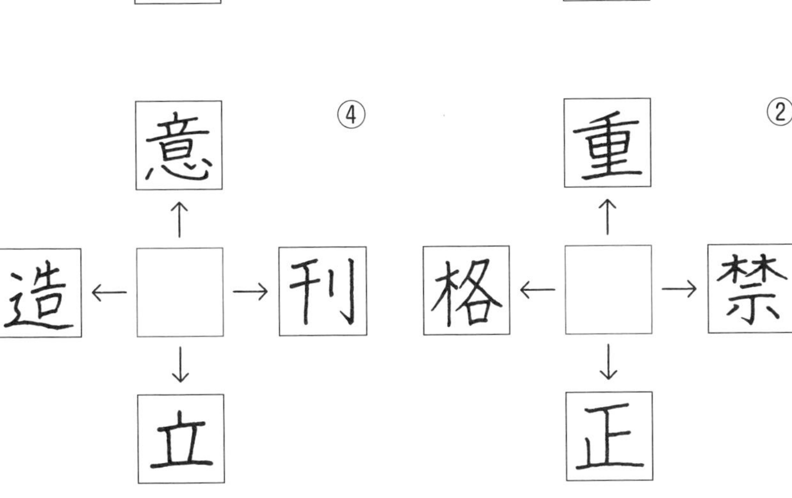

厳　簡　創　純

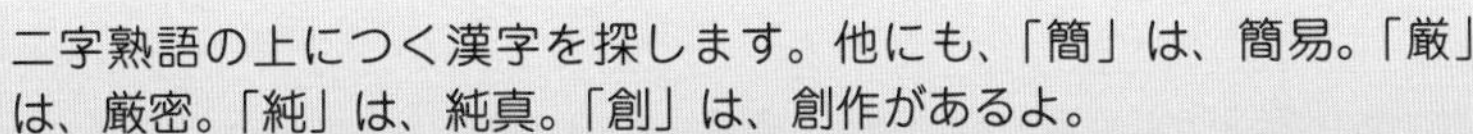

二字熟語の上につく漢字を探します。他にも、「簡」は、簡易。「厳」は、厳密。「純」は、純真。「創」は、創作があるよ。

12 熟語づくり②

月　日

正答数　問／4問

矢印の方向に二文字の熟語(じゅくご)ができます。□に入る漢字を□から選んで書きましょう。

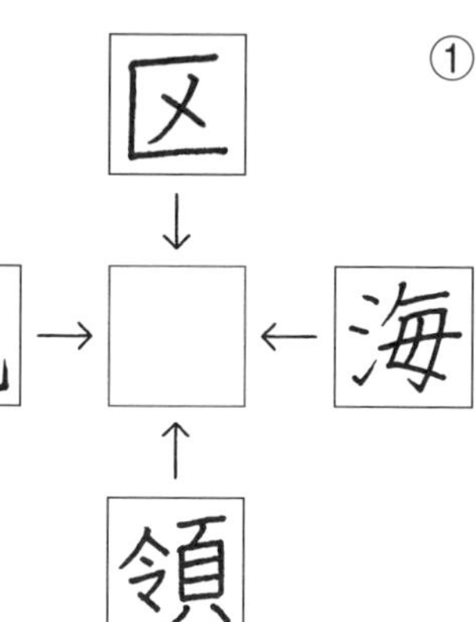

①

区
↓
流 → □ ← 海
↑
領

②

首
↑
員 ← □ → 則
↓
派

③

快
↑
打 ← □ → 感
↓
切

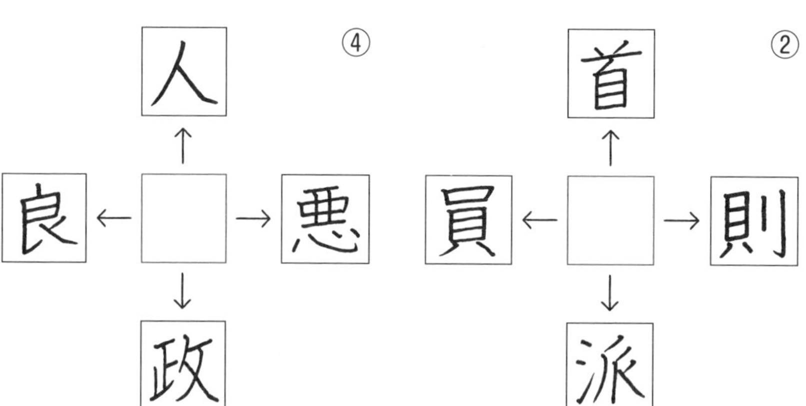

④

人
↑
良 ← □ → 悪
↓
政

痛　域　党　善

①は、二字熟語の下につく漢字を探すよ。できた二字熟語を使って短文をつくってみよう。

熟語づくり ③

月　日
正答数
問／4問

矢印の方向に二文字の熟語ができます。□に入る漢字を［　］から選んで書きましょう。

①
価↓　数→　□　←安　↑高

②
流↓　党→　□　←左　↑宗

③
服↓　変→　□　←仮　↑改

④
対↓　失→　□　←政　↑無

装　策　値　派

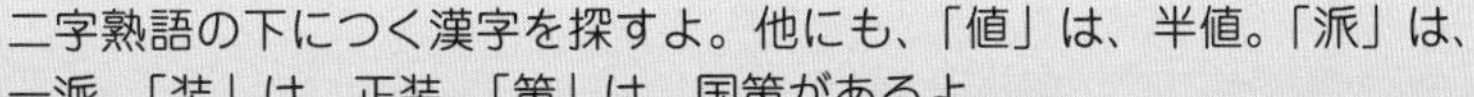

二字熟語の下につく漢字を探すよ。他にも、「値」は、半値。「派」は、

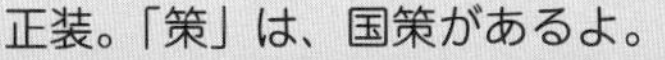

一派。「装」は、正装。「策」は、国策があるよ。

熟語づくり④

月　日
正答数
問／4問

矢印の方向に二文字の熟語（じゅくご）ができます。□に入る漢字を□から選んで書きましょう。

①
人 → □ → 利
主 → □ → 力

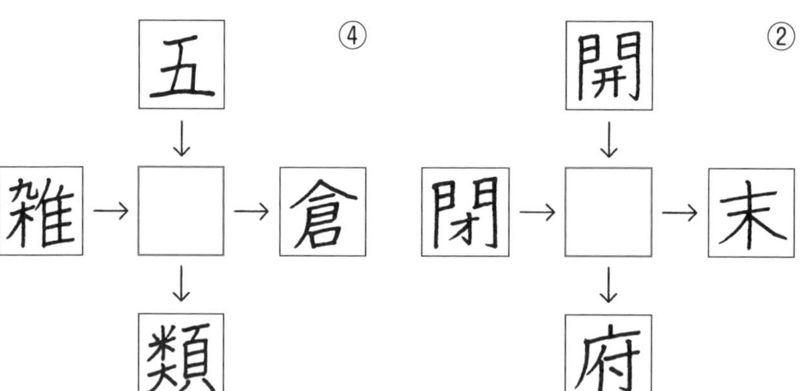

③
護 → □ → 法
立 → □ → 章

権　憲　穀　幕

矢印の方向に気をつけて漢字を探そう。できた二字熟語を使って短文をつくってみよう。

熟語づくり ⑤

矢印の方向に二文字の熟語(じゅくご)ができます。□に入る漢字を□から選んで書きましょう。

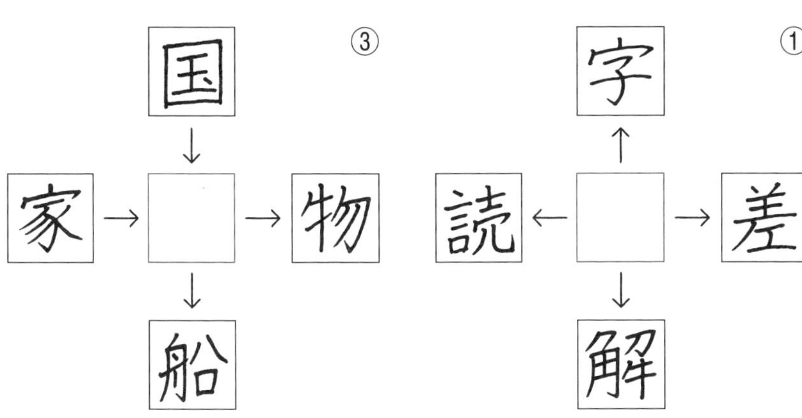

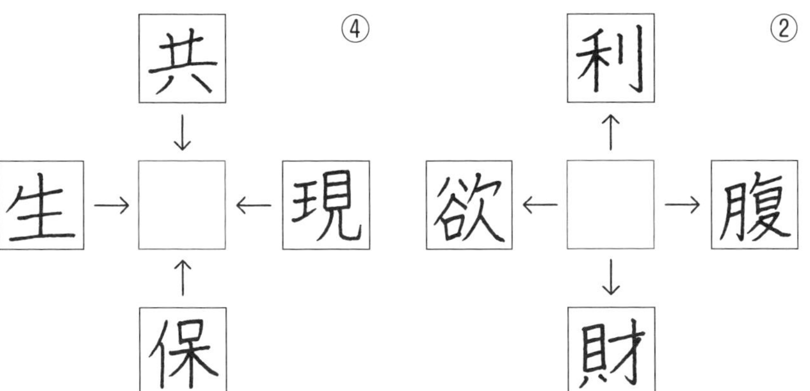

宝　存　誤　私

できた二字熟語を使って短文をつくってみよう。

熟語づくり ⑥

月　日

正答数　問／4問

矢印の方向に二文字の熟語（じゅくご）ができます。□に入る漢字を［　］から選んで書きましょう。

①

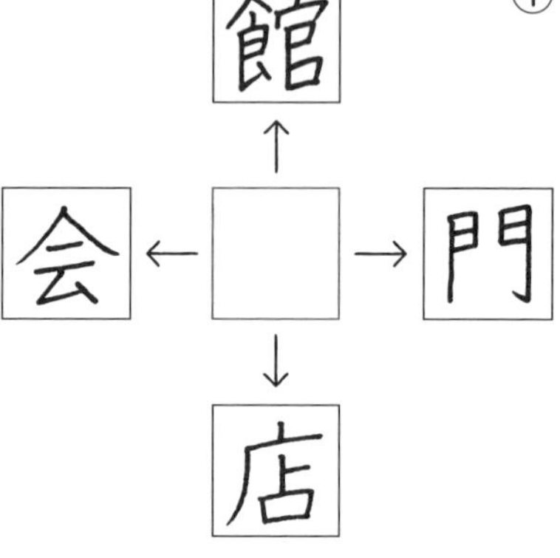

②

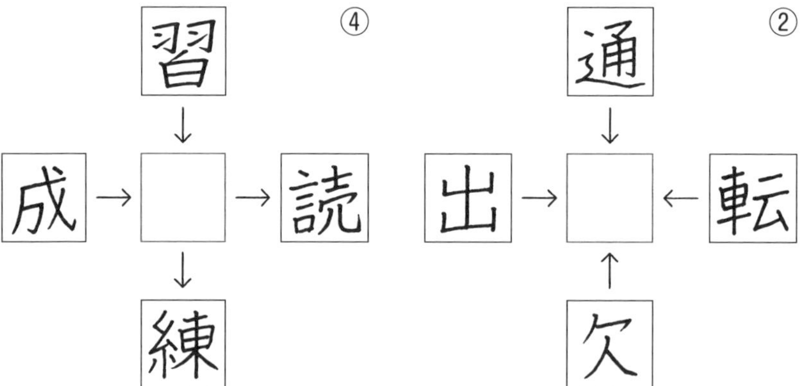

③

同 ↓ □

車 → □ ← 出

天 ↑ □

④

窓　熟　閉　勤

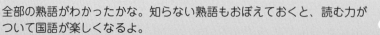

全部の熟語がわかったかな。知らない熟語もおぼえておくと、読む力がついて国語が楽しくなるよ。

17 漢字しりとり①

月　日
正答数　問／5問

□に漢字を書きましょう。

①
尊厳（そんげん）
↓
□□（げんみつ）
↓
密閉（みっぺい）
↓
□□（へいまく）

②
財政（ざいせい）
↓
□□（せいさく）
↓
策略（さくりゃく）
↓
□□（りゃくれき）

③
忠誠（ちゅうせい）
↓
□□（せいじつ）
↓
実権（じっけん）
↓
□□（けんり）

④
収縮（しゅうしゅく）
↓
□□（しゅくしゃく）
↓
尺八（しゃくはち）
↓
□□（はっぽう）

⑤
沿海（えんかい）
↓
□□（かいりゅう）
↓
流派（りゅうは）
↓
□□（はで）

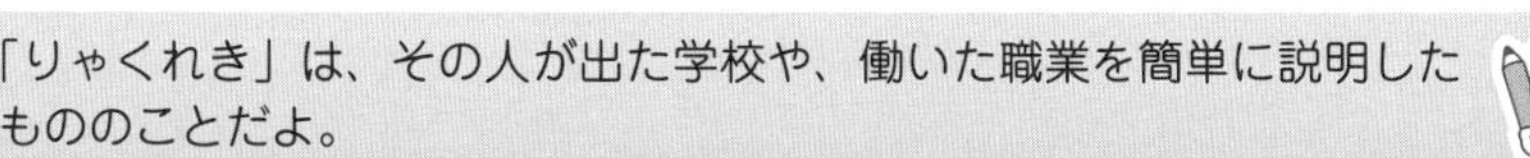
「りゃくれき」は、その人が出た学校や、働いた職業を簡単に説明したもののことだよ。

18 漢字しりとり②

月　日
正答数　問／5問

□に漢字を書きましょう。

① 看護（かんご）→ □□（ごえい）→ 衛視（えいし）→ □□（しや）

② 書□（しょかん）→ 簡単（かんたん）→ □□（たんじゅん）→ 純綿（じゅんめん）

③ 心臓（しんぞう）→ □□（ぞうき）→ 器官（きかん）→ □□（かんちょう）

④ 貴□（きちょう）→ 重傷（じゅうしょう）→ □□（きずぐち）→ 口裏（くちうら）

⑤ 激増（げきぞう）→ □□（ぞうか）→ 加盟（かめい）→ □□（めいやく）

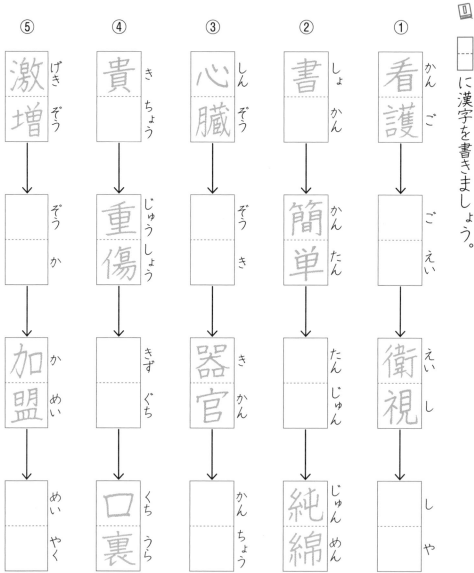

「じゅんめん」は、まじりもののないもめんのこと。「めいやく」は、かたくちかって約束することだよ。

19

漢字しりとり ③

月　日

正答数　問／5問

□に漢字を書きましょう。

①
役（やく）□（わり）
↓
割（わり）□（だか）
↓
高（こう）□（か）
↓
価（か）□（ち）

②
干（かん）潮（ちょう）
↓
□（ちょう）流（りゅう）
↓
□（りゅう）動（どう）
↓
□（どう）乱（らん）

③
呼（こ）□（きゅう）
↓
吸（きゅう）□（しゅう）
↓
収（しゅう）□（のう）
↓
納（のう）□（こつ）

④
尊（そん）敬（けい）
↓
□（けい）意（い）
↓
□（い）欲（よく）
↓
□（よく）望（ぼう）

⑤
尊（そん）□（げん）
↓
厳（げん）□（かん）
↓
寒（かん）□（だん）
↓
暖（だん）□（とう）

「割高」は、値段が高いこと。「呼吸」は、すったりはいたりすることだね。

20 送りがな

月　日

正答数　問／9問

送りがなの正しい方を□に書きましょう。

① 運ぶ　運こぶ

② 染る　染める

③ 届る　届ける

④ 認る　認める

⑤ 暮る　暮れる

⑥ 美い　美しい

⑦ 忘る　忘れる

⑧ 盛土（つち）　盛り土（つち）

⑨ 我に　我れに

返る

国語でまちがいやすい言葉はノートに記録しておこう。

21 名詞

月　日

正答数　問 /10問

言葉の形を変えて名詞（めいし）にしましょう。

① 戦う　↓

② 寒い　↓

③ 笑う　↓

④ 走る　↓

⑤ 美しい　↓

⑥ 明るい　↓

⑦ 歩く　↓

⑧ 強い　↓

⑨ 小さい　↓

⑩ おそい　↓

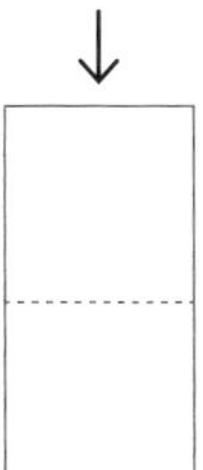

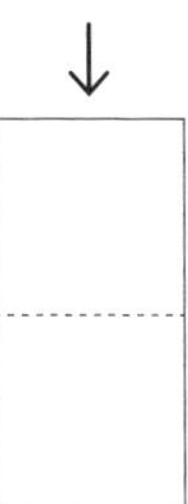

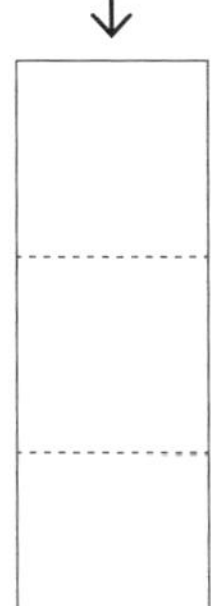

「名詞」は、物や人の名前を表す言葉だよ。終わりの一文字が変わるんだね。

動詞

月　日

正答数

問／6問

（　）の言葉を文にあう形に変えて書きましょう。

① （願う） 神社で合格を［　　］うと思う。

② （見る） 良く［　　］ば、とける問題だ。

③ （聞く） 相手の話を［　　］て考える。

④ （書く） 黒板の文字を［　　］ておく。

⑤ （動く） みんなと息をあわせて［　　］た。

⑥ （話す） 正直に［　　］うと思う。

「動詞」は、人や物の動きを表す言葉だよ。願わナイ　願いマス　願ったなど言葉の終わりがきまりによって変わるよ。

23 形容詞

月　日

正答数　問／6問

（　）の言葉を文にあう形に変えて書きましょう。

① （古い）十年もたてば［　　］なる。

② （暖(あたた)かい）明日は［　　　］なりそうだ。

③ （寒い）今年の冬は［　　］なる予想だ。

④ （赤い）色を染(そ)めて［　　］なる。

⑤ （美しい）整理して部屋が［　　　］なる。

⑥ （遠い）その学校は、そんなに［　　］ない。

「形容詞」は、ものごとの性質やありさまを表す言葉だよ。「青い」「暑い」など。

形容動詞

月　日

正答数　問／6問

次の文で、形容動詞(どうし)に――線を引きましょう。

① 子どものすこやかな成長を願う。

② お祭の会場は、にぎやかだ。

③ みんなの大切な約束だ。

④ この森は、木がとても豊富だ。

⑤ とても元気な子犬がいた。

⑥ かれは、とても親切だ。

「形容動詞」は、ものごとの性質やありさまを表す言葉だよ。「静かだ」「きれいだ」など。

副詞

月　日

正答数

問／6問

次の文の中で、副詞(ふくし)に――線を引きましょう。

① 夏休みも、とうとう終わる。

② 外は、どんよりくもっている。

③ 自分のおかしを、少しあげる。

④ まるで鳥のように飛ぶ。

⑤ 妹は、バス停までゆっくり歩いた。

⑥ 今日は、からっと晴れた。

「副詞」は、動詞・形容詞・形容動詞の意味を強めたり、説明したりする言葉だよ。

26

助詞

月　日

正答数

問／6問

次の文の中で、助詞(じょし)を（　）の数だけ□で囲みましょう。

① 風が激(はげ)しくふく。（1）

② 門が閉(と)じる。（1）

③ 机(つくえ)で勉強する。（1）

④ 飛行機に乗って、空を飛びたい。（2）

⑤ 旅行で、ハワイに行きます。（2）

⑥ 宿題が終わったから、本を読もう。（3）

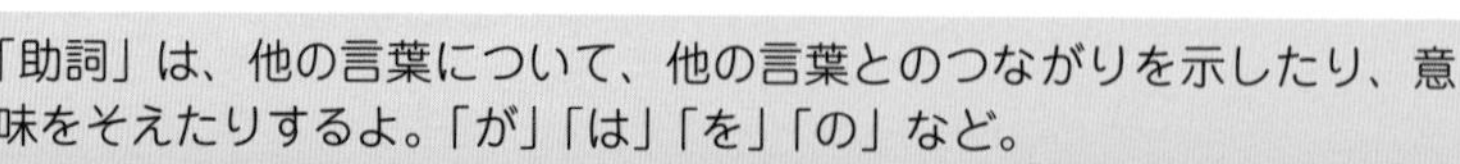
「助詞」は、他の言葉について、他の言葉とのつながりを示したり、意味をそえたりするよ。「が」「は」「を」「の」など。

27 助動詞

月　日

正答数

問／6問

次の文の中で、助動詞に――線を引きましょう。

① まどが開かれる。

② 手を洗ってから、おやつにしよう。

③ 明日のために、勉強します。

④ ここから先は、わからない。

⑤ 今日は、弟を行かせる。

⑥ 本を読み終えよう。

「助動詞」は、動詞・形容詞・形容動詞につき、その語のはたらきを助けるよ。行かない。食べたい。

接頭語

月　日

正答数

問／8問

次の言葉にあう接頭語を[ ]から選んで□に書きましょう。

① □表情

② □っ黒

③ □一時間

④ □っとばす

⑤ □金属

⑥ □根性

⑦ □やすい

⑧ □みやげ

小　非　真　無　ど　お　た　ぶ

接頭語。つねに、ほかの言葉の前について、その言葉を強めたり、意味を加えるよ。真っ白。か弱い。

接尾語

月　日
正答数
問／8問

次の言葉にあう接尾語を［　］から選んで□に書きましょう。

① 神□□
② やり□□
③ 子ども□□
④ 知らん□□
⑤ 春□□
⑥ 会社□□
⑦ 寒□□
⑧ 楽□□

たち　きる　めく　さま
ぷり　しげ　がる　いん

接尾語。つねに、ほかの言葉の後について、その言葉に一定の意味やはたらきを与えます。高さ。白さ。春めく。色めく。

30 文末表現

月　日

正答数　問／5問

次の文は［　］の㋐〜㋔のどれですか。（　）に記号を書きましょう。

① （　）早く帰れ。

② （　）くじらは、魚の仲間ですか。

③ （　）弟は、二百メートル泳げます。

④ （　）ぼくは、中学生ではない。

⑤ （　）その海は、とてもきれいだそうだ。

㋐ 打ち消しの文　㋑ 命令の文　㋒ 可能の文

㋓ 質問・疑問（ぎもん）の文　㋔ 伝聞の文

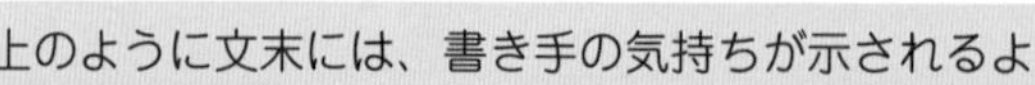
上のように文末には、書き手の気持ちが示されるよ。

31 俳句①

月　日
正答数　問／4問

次の俳句を読んで、㋐～㋓の季語と季節を表に書きましょう。

㋐ こがらしや　海に夕日を　ふき落とす　夏目漱石

㋑ 夏河を　こすうれしさよ　手にぞうり　与謝蕪村

㋒ 山路来て　何やらゆかし　すみれ草　松尾芭蕉

㋓ 柿くへば　鐘が鳴るなり　法隆寺　正岡子規

	季語	季節
㋐		
㋑		
㋒		
㋓		

俳句は世界一短い詩として、外国でも注目されているよ。

32 俳句②

月　日
正答数　問／4問

次の俳句を読んで、㋐～㋓の季語と季節を表に書きましょう。

㋐ 春の海　終日のたりのたりかな　与謝蕪村

㋑ 名月を　取ってくれろと　なく子かな　小林一茶

㋒ 夏の蝶　日かげ日なたと　飛びにけり　高浜虚子

㋓ 蛍獲て　少年の指　みどりなり　山口誓子

	季語	季節
㋐		
㋑		
㋒		
㋓		

江戸時代までは、「俳諧（はいかい）」と呼ばれていて、明治時代になって、正岡子規が「俳句」と名づけたよ。

33 短歌①

月　日

正答数　問／4問

（　）の中に［　］より言葉を選んで書きましょう。

①
いにしへの　奈良の都の　八重桜
けふ九重に　にほひぬるかな（　　　）
伊勢大輔

②
君がため（　　　）に出でて　若菜つむ
わが衣手に　雪はふりつつ
光孝天皇

③
ひさかたの　光のどけき（　　　）に
しづ心なく　花の散るらむ
紀友則

④
かすみ立つ　長き春日を（　　　）
手まりつきつつ　この日暮らしつ
良寛

［ 子どもらと　春の日　八重桜　春の野 ］

短歌の歴史は、千三百年になろうとしているよ。
藤原定家が選んだものが「百人一首」だよ（上記①～③）。

短歌 ②

月　日

正答数　問／4問

（　）の中に□より言葉を選んで書きましょう。

① 東風吹かば　にほひおこせよ（　　　）
主なしとて　春を忘るな
菅原道真

② 白鳥は　かなしからずや（　　　）
海のあをにも　染まずただよふ
若山牧水

③ ひまわりは（　　　）を身にあびて
ゆらりと高し　日のちひささよ
前田夕暮

④ 東海の　小島の磯の（　　　）に
われ泣きぬれて　かにとたはむる
石川啄木

空の青　金の油　梅の花　白砂

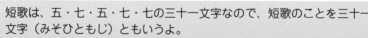

短歌は、五・七・五・七・七の三十一文字なので、短歌のことを三十一文字（みそひともじ）ともいうよ。

35 文の組み立て ①

月　日

正答数　問／5問

次の文の主語には――線を、述語には～～線を引きましょう。

① 裏庭（うらにわ）にニワトリが、いる。

② きれいなバラの花が、さく。

③ カキの実が、赤くうれる。

④ 昨日（きのう）、姉は時計（とけい）を買った。

⑤ 父のプレゼントは、本です。

主語１つ、述語１つの文だよ。
述語に～～～線を引いてから、主語を見つけよう。

36 文の組み立て ②

月　日

正答数　問／5問

次の文の主語には――線を、述語には～～線を引きましょう。

① 風がふき、雨も降(ふ)る。

② 色がきれいで、形が美しい。

③ 池のまわりをぼくは走り、おじさんは歩く。

④ 父は会社へ行き、姉は学校へ行く。

⑤ 母が洗(あら)い、わたしが干(ほ)した。

①～⑤の文は、いずれも主語と述語が２つずつあるよ。

37 文の組み立て ③

月　日
正答数
問／4問

次の文の〰〰線が修飾（しゅうしょく）する言葉に――線を引きましょう。

① サッカーが得意な弟は、四年生です。

② ぼくは、父が建てた学校へ行く。

③ 大きな実がなった枝は、折れそうです。

④ ぼくが乗ったバスは、高速道路を走っている。

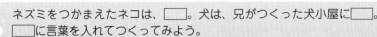

ネズミをつかまえたネコは、□。犬は、兄がつくった犬小屋に□。
□に言葉を入れてつくってみよう。

38 文の組み立て ④

月　日

正答数

問／2問

次の文を二つの文に分けましょう。

① 大雪が降(ふ)り、風がふいた。

（　　　　）（　　　　）

② 菜の花がさき、チョウが飛ぶ。

（　　　　）（　　　　）

①、②の文とも、読点「、」で２つの文に分けられるよ。

文の組み立て ⑤

月　日

正答数　問／2問

次の文を文図で表しましょう。

① 姉がつくってくれた　クッキーがある。

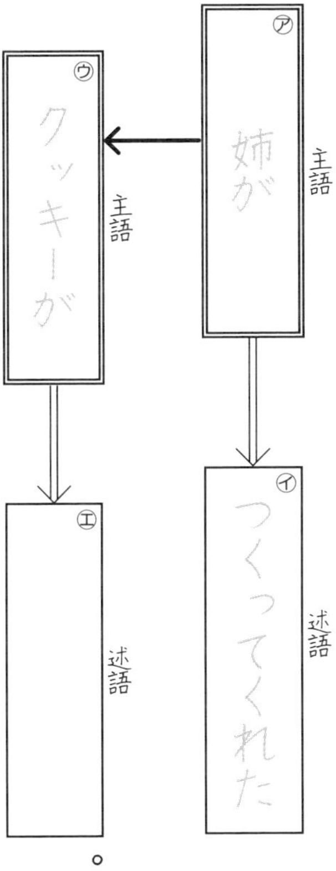

㋐ 姉が（主語）→ ㋒ クッキーが（主語）

㋑ つくってくれた（述語）　㋓ 　（述語）。

② ぼくが植えた花が、さいた。

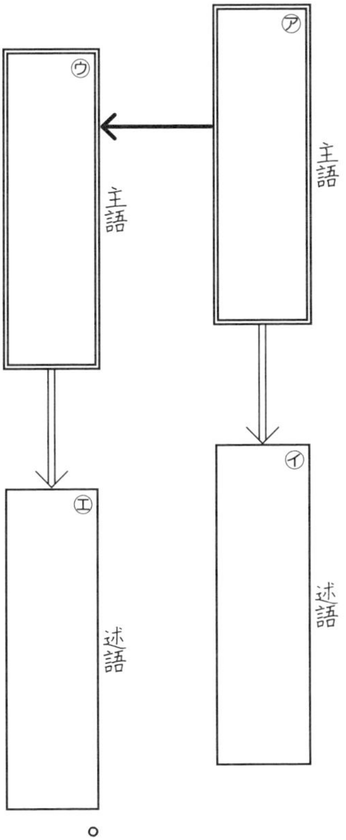

㋐ （主語）→ ㋒ （主語）

㋑ （述語）　㋓ （述語）。

文図にすると、文の形や文のつながり方がよくわかるよ。

同訓異字①

月　日

正答数　問／6問

□にあてはまる漢字を書きましょう。

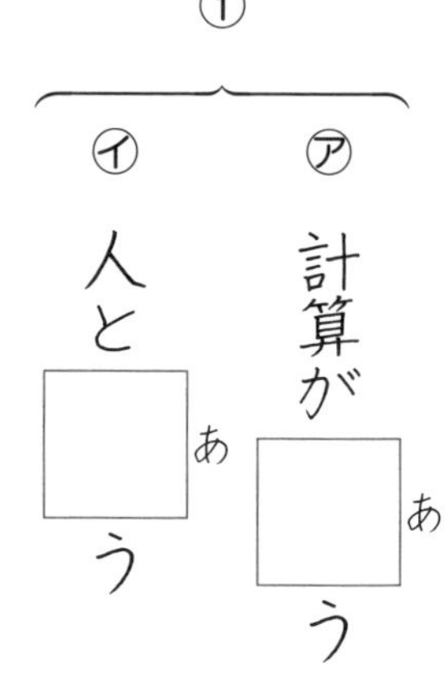

①
㋐ 計算が□(あ)う
㋑ 人と□(あ)う

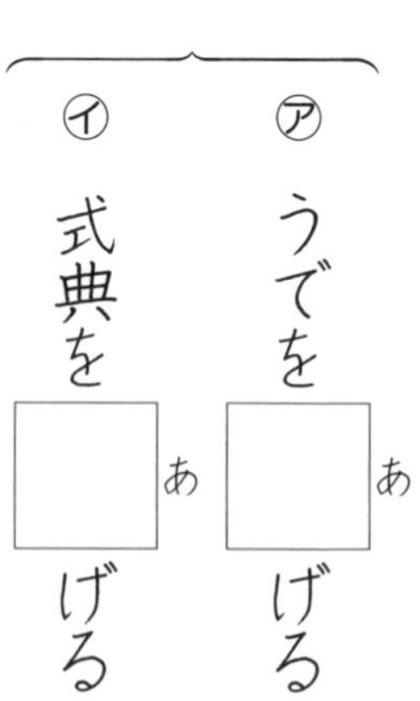

②
㋐ うでを□(あ)げる
㋑ 式典を□(あ)げる

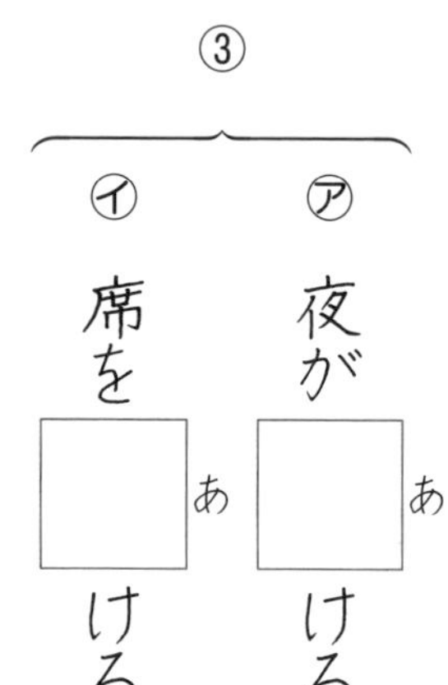

③
㋐ 夜が□(あ)ける
㋑ 席を□(あ)ける

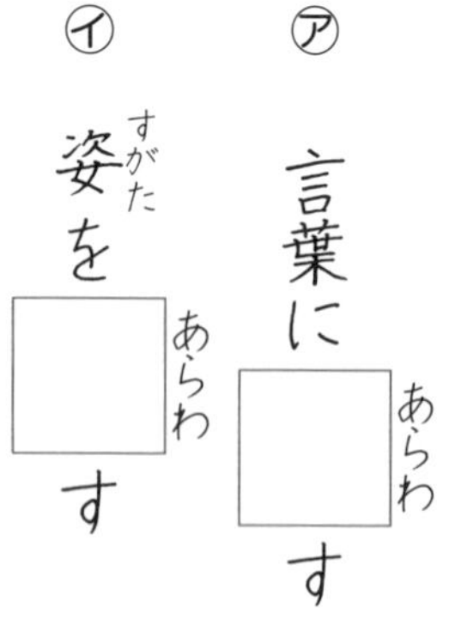

④
㋐ 言葉に□(あらわ)す
㋑ 姿(すがた)を□(あらわ)す

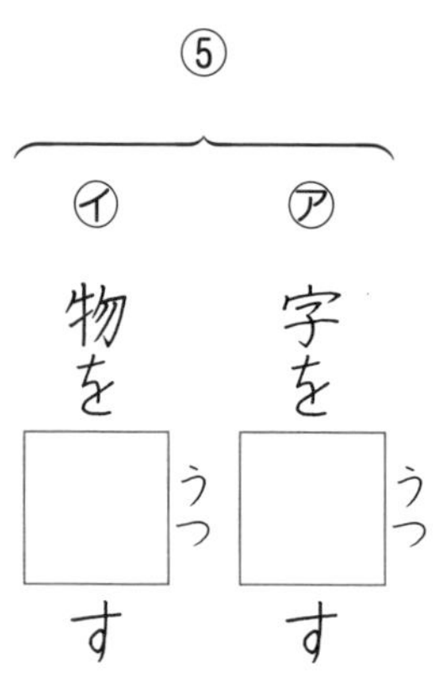

⑤
㋐ 字を□(うつ)す
㋑ 物を□(うつ)す

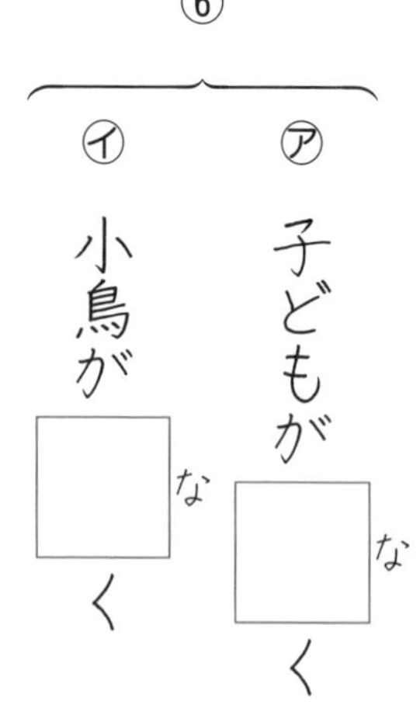

⑥
㋐ 子どもが□(な)く
㋑ 小鳥が□(な)く

「あける」は、明ける、開ける、空けるがあるよ。

同訓異字 ②

月　日

正答数

問／6問

□にあてはまる漢字を書きましょう。

①
㋐ 税金を□(おさ)める
㋑ 国を□(おさ)める

②
㋐ 本を□(かえ)す
㋑ 家へ□(かえ)る

③
㋐ 声□(が)わり
㋑ 身□(が)わり

④
㋐ 解決に□(つと)める
㋑ 会社に□(つと)める

⑤
㋐ 貯金が□(へ)る
㋑ 十年を□(へ)る

⑥
㋐ 試合に□(やぶ)れる
㋑ 紙が□(やぶ)れる

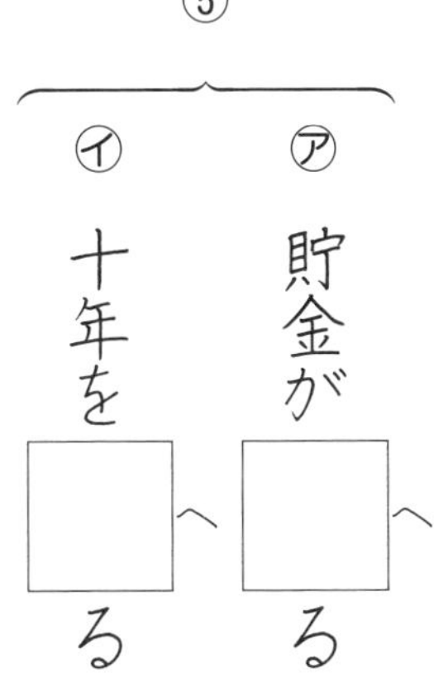
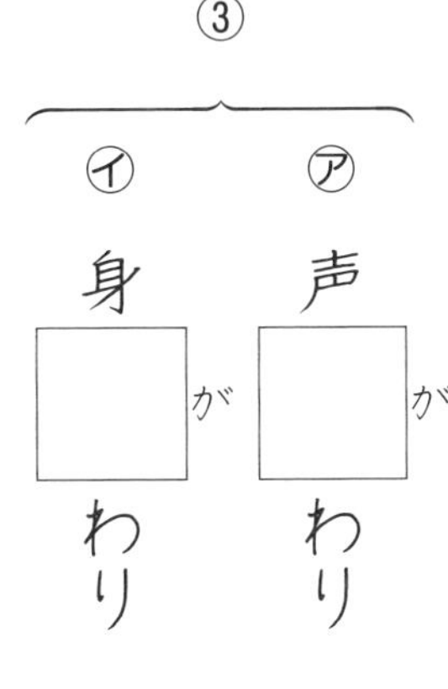
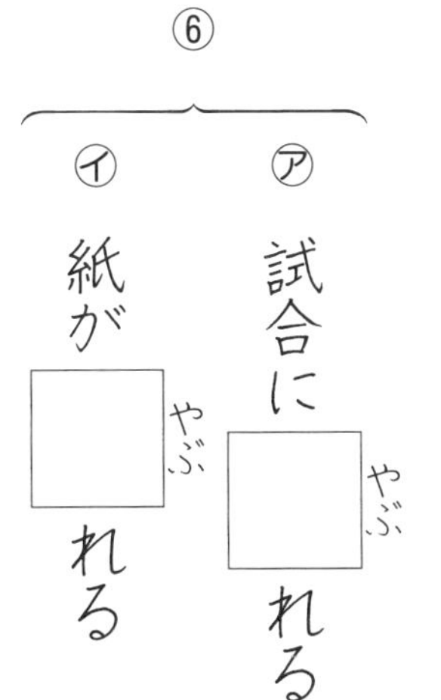
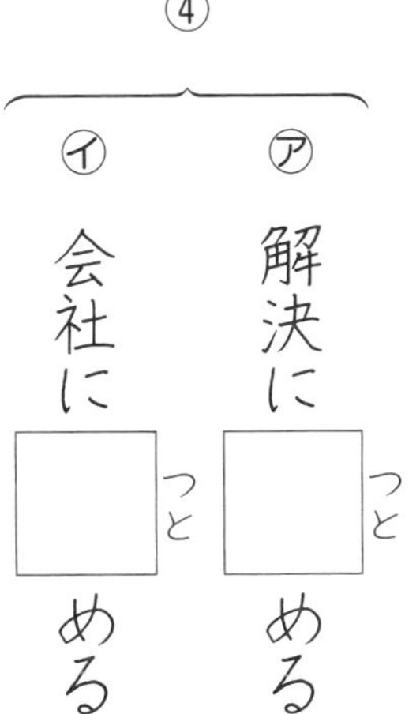
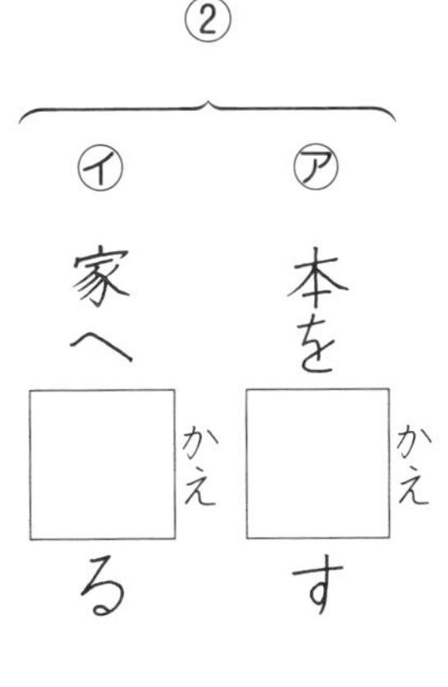

「おさめる」には、収める、納める、治める、修めるがあるよ。

42

同音異義語 ①

月　日

正答数
問／6問

□にあてはまる漢字を書きましょう。

①
㋐ 出場□□（じたい）
㋑ 非常□□（じたい）

②
㋐ □□（しょうたい）不明
㋑ □□（しょうたい）状

③
㋐ 自分□□（じしん）
㋑ □□（じしん）満満

④
㋐ □□（しりょう）作物
㋑ 研究□□（しりょう）

⑤
㋐ 絵を□□（てんじ）する
㋑ □□（てんじ）の本

⑥
㋐ 支持□□（せいとう）
㋑ □□（せいとう）な判断

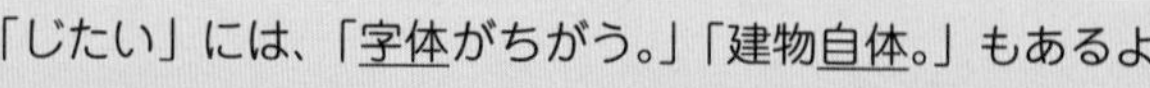

「じたい」には、「字体がちがう。」「建物自体。」もあるよ。

同音異義語 ②

月　日

正答数

問／6問

□にあてはまる漢字を書きましょう。

①
㋐ 国語□□（じてん）
㋑ 百科□□（じてん）

②
㋐ □□（かいてん）ドア
㋑ 本日□□（かいてん）

③
㋐ 図画□□（こうさく）
㋑ 畑を□□（こうさく）

④
㋐ エジソンの□□（でんき）
㋑ □□（でんき）工事

⑤
㋐ 試合は□□（たいしょう）
㋑ ガキ□□（だいしょう）

⑥
㋐ 建物の□□（かいだん）
㋑ 日米の□□（かいだん）

辞典と事典を区別して、「辞典→コトバテン」「事典→コトテン」ということもあるよ。

同音異義語 ③

月　日

正答数

問／6問

□にあてはまる漢字を書きましょう。

① ㋐ 進路の□□（しゅうせい） ㋑ □□（しゅうせい）の友

② ㋐ 素直な□□（せいかく） ㋑ □□（せいかく）無比

③ ㋐ □□（じどう）改札 ㋑ □□（じどう）集会

④ ㋐ 同時□□（しんこう） ㋑ □□（しんこう）宗教

⑤ ㋐ 夜空の□□（せいざ） ㋑ □□（せいざ）をする

⑥ ㋐ とても□□（こうか）な品 ㋑ □□（こうか）を歌う

「しゅうせい」には、他に秋声、秋晴、修整、習性、集成などなどがあるよ。

45 四字熟語 ①

月　日
正答数　問／8問

あてはまる言葉を［　］から選んで、四字熟語にしましょう。（　）に読みがなも書きましょう。

① 一芸□□（　　）
② 一挙□□（　　）
③ 一進□□（　　）
④ 一望□□（　　）
⑤ 一問□□（　　）
⑥ 一刻□□（　　）
⑦ 正正□□（　　）
⑧ 子子□□（　　）

堂堂　千金　孫孫　一答　千里　一動　一能　一退

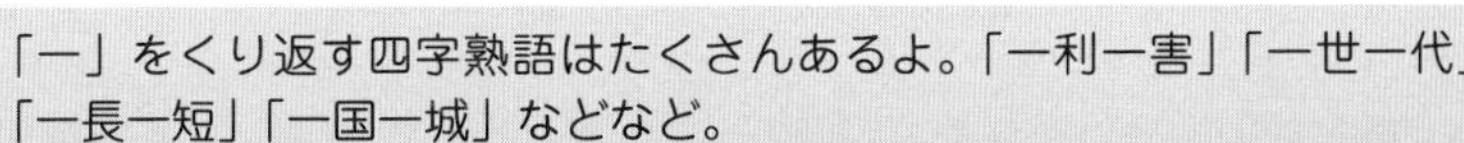

「一」をくり返す四字熟語はたくさんあるよ。「一利一害」「一世一代」「一長一短」「一国一城」などなど。

四字熟語 ②

月　日

正答数　問／8問

あてはまる言葉を［　］から選んで、四字熟語（じゅくご）にしましょう。
（　）に読みがなも書きましょう。

① 大同□□（　）

② 半信□□（　）

③ 一心□□（　）

④ 私利□□（　）

⑤ 天変□□（　）

⑥ 針小□□（　）

⑦ 大器□□（　）

⑧ 感謝□□（　）

不乱　小異　地異　棒大　晩成　半疑　感激　私欲

「感謝○○」は「雨あられ」と続くよ。「感謝○○雨あられ」

四字熟語 ③

月　日

正答数　問／8問

あてはまる言葉を［　］から選んで、四字熟語（じゅくご）にしましょう。（　）に読みがなも書きましょう。

① 作詞□□（　）

② 賛否□□（　）

③ 異口□□（　）

④ 誠心□□（　）

⑤ 自画□□（　）

⑥ 自由□□（　）

⑦ 自問□□（　）

⑧ 自作□□（　）

作曲　同音　自賛　自在　自演　自答　両論　誠意

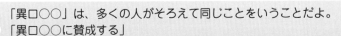

「異口○○」は、多くの人がそろえて同じことをいうことだよ。
「異口○○に賛成する」

48 四字熟語 ④

月　日

正答数　問／8問

あてはまる言葉を□から選んで、四字熟語にしましょう。
（　）に読みがなも書きましょう。

① 宇宙□□（　）
② 男女□□（　）
③ 経済□□（　）
④ 針葉□□（　）
⑤ 郵便□□（　）
⑥ 弱肉□□（　）
⑦ 降水□□（　）
⑧ 雨天□□（　）

遊泳　番号　樹林　強食　確率　平等　政策　順延

人類初の「宇宙○○」は、1965年、ソビエト連邦のボストーク２号に乗ったレオーノフさんだよ。

わたしの出身地

1 自己しょうかいで、自分の出身地を伝える文です。なぞりましょう。

My name is Takahashi Mai.

〔わたしの名前は高橋まいです。〕

I'm from Okayama.

〔わたしは岡山県出身です。〕

2 1を見ながら、自分の名前と出身地を伝える文を書きましょう。

My name is ＿＿＿＿＿＿＿＿.

I'm from ＿＿＿＿＿＿＿＿.

「県」は英語で prefecture ですが、英文では省略することが多いよ。

2 できること・得意なこと

月　日

正答数　問／2問

1　自分ができることを伝える文です。　　から好きなものを選んで書きましょう。

I can ＿＿＿＿＿＿＿＿.

run fast　play the piano　ride a bicycle　swim well

2　自分が得意なことを伝える文です。　　から好きなものを選んで書きましょう。

I am good at ＿＿＿＿＿＿＿＿.

dancing　singing　playing soccer　painting pictures

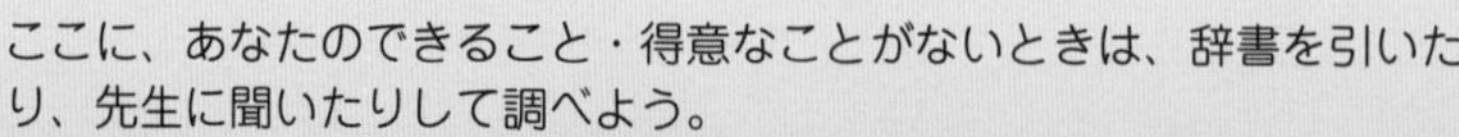

ここに、あなたのできること・得意なことがないときは、辞書を引いたり、先生に聞いたりして調べよう。

3 日本の行事

月　日

正答数

問／4問

1　日本の行事についてしょうかいしている文です。なぞりましょう。

In winter, we have New Year's Day.　〔冬にはお正月があります。〕

You can eat *osechi*.

〔おせちを食べることができます。〕

It is delicious.　〔おいしいですよ。〕

2　日本の行事についてしょうかいしている文を読んで、その行事が行われている季節を日本語で書きましょう。

We have *hanami*.　〔花見があります。〕
You can see cherry blossoms.
They are very beautiful.

季節（　　　　）

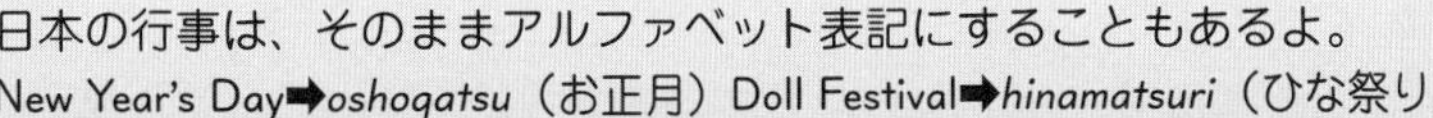

日本の行事は、そのままアルファベット表記にすることもあるよ。
New Year's Day➡*oshogatsu*（お正月）Doll Festival➡*hinamatsuri*（ひな祭り）

4 夏休みの思い出を話そう

月　日
正答数
問／6問

A　夏休みの思い出について話している文です。

I went to the mountain.

〔山に行きました。〕

I enjoyed camping.

I ate curry and rice.

It was good!

(1)　上の文をなぞりましょう。

(2)　文にあうイラストを選んで、○をつけましょう。

①　楽しんだこと

イ

ウ

②　食べたもの

イ

ウ

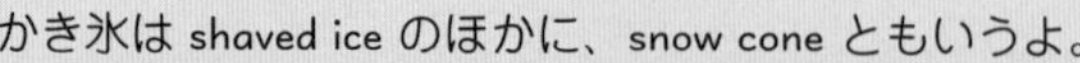

かき氷は shaved ice のほかに、snow cone ともいうよ。

5 週末のできごと

月　日

正答数

問／3問

1 週末のできごとについての会話文です。あとの問いに答えましょう。

A What did you do last weekend?
B I played the guitar. And you?
A I played baseball. It was exciting!
B Oh, great!

Aさんと Bさんは何をしていましたか。ぬきだして英語で書きましょう。

Bさん played

Aさん played

2 イラストにあう文を選んで○をつけましょう。

㋐（　　） She did homework.
㋑（　　） She watched the soccer game.
㋒（　　） She went departmentstore.

weekendは、「週末」という意味だよ。週の最後は、何曜日かな？
She は、かの女のことだよ。

6 わたしが好きなもの

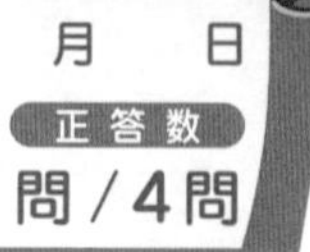

月　日

正答数　問／4問

1 次の文をなぞりましょう。答えは、英語で書きましょう。

I like music. I have a guitar.

(1) 好きなものは、何ですか。　music

(2) 持っているものは、何ですか。

2 次の文をなぞりましょう。答えは、英語で書きましょう。

I play baseball.

I want a new glove.

(1) 何をしますか。

(2) ほしいものは、何ですか。

食べること→eating　読むこと→reading books
（スポーツ・音楽を）すること→playing baseball など

あの人、どんな人？

月　日
正答数
問／4問

1 次の文をなぞって、声に出して読みましょう。

This is Kenta.〔こちらはケンタです。〕

He is my father.〔かれは、わたしの父です。〕

He is a police officer.

〔かれは警察官(けいさつかん)です。〕

2 次の文を読んで、あとの問いに答えましょう。

Hello, I'm Aki. I'm an artist.
I like beautiful pictures.
My friends say "You are kind".

① アキさんの職業は何ですか。

㋐ astronoat　㋑ doctor　㋒ artist

② アキさんの好きなものは何ですか。

㋐ beautiful pictures　㋑ beautiful pens　㋒ baseball

③ アキさんは友達にどんな性格だといわれていますか。

㋐ brave　㋑ kind　㋒ cool

男性を指す「かれ」はhe、女性を指す「かの女」はshe

8 わたしの町 ①

月　日

正答数

問／4問

A イラストを見ながら、町のしょうかい文を読んで、あっているものには○、まちがっているものには×をつけましょう。

① (　　) We have a library.
〔図書館があります。〕

② (　　) We don't have a department store.
〔デパートはありません。〕

③ (　　) We have three convenience stores.
〔コンビニが3けんあります。〕

④ (　　) We don't have a zoo.
〔動物園はありません。〕

水族館は aquarium だよ。「アクアリウム」とカタカナにして、日常でもよく使われているね。

9 わたしの町 ②

1 次の文は、町にあるしせつと、そこでできることを話しています。しせつの名前をすべて○で囲みましょう。

We have an amusement park.
We can ride some roller coasters.
We have a big library.
We can read books there.
Our town is wonderful!

2 次の文をなぞって、声に出して読みましょう。

This is our town.

〔これがわたしたちの町です。〕

We have a supermarket.

〔スーパーマーケットがあります。〕

We can buy fresh fish.

〔新せんな魚を買うことができます。〕

ここでの we は、その町に住む人全体を表していて、特定の人を指すことばではないよ。

道案内しよう ①

月　日

正答数　問／4問

1　次の文をなぞりましょう。

Go straight.

〔まっすぐ進んで。〕

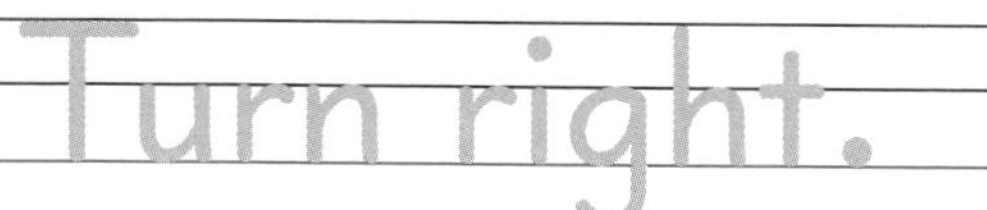

〔右に曲がって。〕

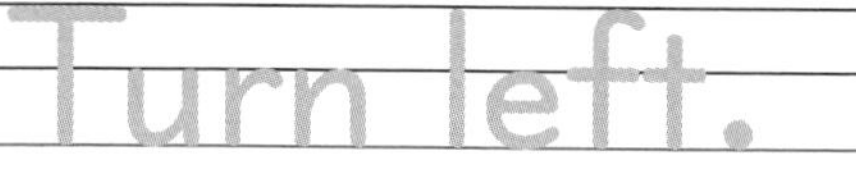

〔左に曲がって。〕

2　しせつを表す単語とあうように、線で結びましょう。

① post office •　　• ㋐ 病院

② temple •　　• ㋑ 寺

③ hospital •　　• ㋒ 郵便局

頭の横側にあるこめかみも、temple というよ。

11 道案内しよう ②

月　日
正答数
問／3問

A　3つの指示を順序よく使って公園（park）に連れて行ってあげましょう。指示は、[　　]から選んで書きましょう。

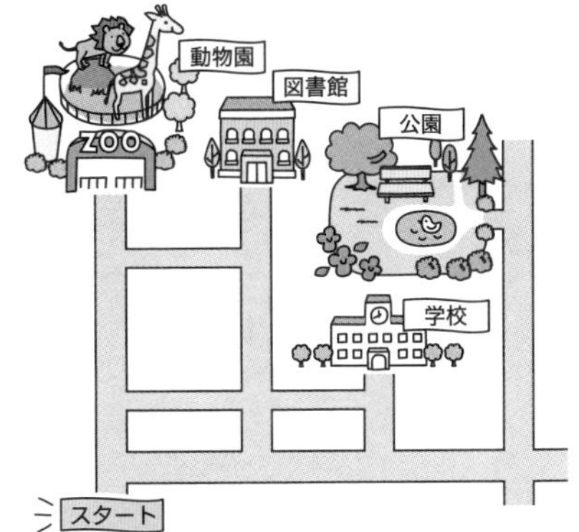

①

②

③

Turn right.　Go straight.
〔右に曲がって。まっすぐ進んで。〕
Turn right at the second corner.〔2番目の角を右に曲がって。〕
Turn left.〔左に曲がって。〕
Turn left at the third corner.〔3つ目の角を左に曲がって。〕
You can see it on your right.〔右手にあります。〕
You can see it on your left.〔左手にあります。〕

right は右、left は左だね。

12 将来の夢

月　日

正答数

問／2問

1　次の文を読んで、Bさんがなりたいものに○をつけましょう。

A　What do you want to be?

〔あなたは何になりたいですか。〕

B　I want to be an astronaut.

I want to go to the moon.

2　次の文を読んで、空いているところにあてはまる単語を書きましょう。

I want to be a ＿＿＿＿＿＿.

I like animals. I want to help sick animals in hospitals.

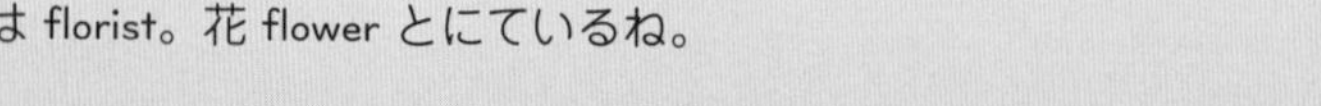

花屋は florist。花 flower とにているね。

13 A 小学校の思い出

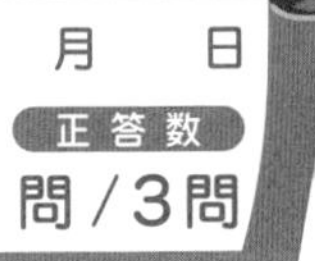

月　日

正答数

問／3問

1　次の文は、小学校で一番の思い出についての会話文です。声に出して、読みましょう。

A　What's your best memory of school?

〔小学校での一番の思い出は何ですか。〕

B　My best memory is the school trip.

〔わたしの一番の思い出は修学旅行です。〕

I saw many temples in Kyoto.

〔京都でたくさんのお寺を見ました。〕

I enjoyed visiting many temples in Kyoto.

〔京都でたくさんのお寺の見学を楽しみました。〕

2　イラストを見て、思い出の行事を書きましょう。

① My best memory is ＿＿＿＿＿＿＿＿＿＿＿＿＿＿ .

② My best memory is ＿＿＿＿＿＿＿＿＿＿＿＿＿＿ .

the music festival

the sports day

運動会を表す the sports day は、the sports festival ともいうね。

14 中学生になったら

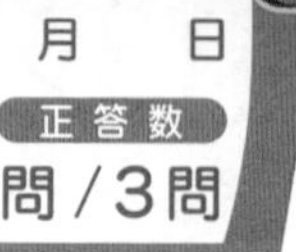

月　日
正答数
問／3問

A　中学生になったらどの部活動に入りたいか話しています。
①と②に、２つの部活動を［　　］から選んで書きましょう。

A　What club do you want to join?

B　I want to join the (①　　　　　　　　).

What club do you want to join?

A　I want to join the (②　　　　　　　　).

baseball team〔野球部〕basketball team〔バスケットボール部〕
volleyball team〔バレーボール部〕soccer team〔サッカー部〕
tennis team〔テニス部〕track and field team〔陸上部〕
art club〔美術部〕broadcasting club〔放送部〕
cooking club〔料理部〕newspaper club〔新聞部〕
brass band〔吹奏楽部〕chorus〔コーラス部〕

運動部は team、文化部は club を使うよ。

算数

1 円の面積 ①

① $2 \times 2 \times 3.14 = 12.56$ 答え 12.56cm^2

② $3 \times 3 \times 3.14 = 28.26$ 答え 28.26cm^2

2 円の面積 ②

① $4 \times 4 \times 3.14 = 50.24$ 答え 50.24cm^2

② $5 \times 5 \times 3.14 = 78.5$ 答え 78.5cm^2

3 円の面積 ③

① $3 \times 3 \times 3.14 \div 4 \times 3 = 21.195$

答え 21.195cm^2

② $3 \times 3 \times 3.14 \div 3 \times 2 = 18.84$

答え 18.84cm^2

4 円の面積 ④

① $3 \times 3 \times 3.14 \div 5 \times 4 = 22.608$

答え 22.608cm^2

② $3 \times 3 \times 3.14 \div 6 \times 5 = 23.55$

答え 23.55cm^2

5 文字を使った式 ①

① $x \times 6 + 300$

② ㋐ $180 \times 6 + 300 = 1380$ 答え 1380g

㋑ $200 \times 6 + 300 = 1500$ 答え 1500g

㋒ $250 \times 6 + 300 = 1800$ 答え 1800g

㋓ $300 \times 6 + 300 = 2100$ 答え 2100g

㋔ $360 \times 6 + 300 = 2460$ 答え 2460g

㋕ $750 \times 6 + 300 = 4800$ 答え 4800g

6 文字を使った式 ②

① $(1.5 + x) \times 2$

② ㋐ $(1.5 + 5) \times 2 = 13$ 答え 13m

㋑ $(1.5 + 8) \times 2 = 19$ 答え 19m

㋒ $(1.5 + 9) \times 2 = 21$ 答え 21m

㋓ $(1.5 + 10) \times 2 = 23$ 答え 23m

㋔ $(1.5 + 15) \times 2 = 33$ 答え 33m

7 分数のかけ算 ①

① $\frac{15}{28}$ ② $\frac{35}{72}$ ③ $\frac{35}{48}$ ④ $\frac{27}{70}$

⑤ $\frac{15}{28}$ ⑥ $\frac{9}{20}$ ⑦ $\frac{21}{32}$ ⑧ $\frac{10}{21}$

⑨ $\frac{15}{28}$ ⑩ $\frac{16}{27}$

8 分数のかけ算 ②

① $\frac{3}{4}$ ② $\frac{4}{3}\left(1\frac{1}{3}\right)$

③ $\frac{15}{28}$ ④ $\frac{9}{4}\left(2\frac{1}{4}\right)$

⑤ $\frac{10}{7}\left(1\frac{3}{7}\right)$ ⑥ $\frac{27}{20}\left(1\frac{7}{20}\right)$

⑦ $\frac{10}{49}$ ⑧ $\frac{35}{24}\left(1\frac{11}{24}\right)$

⑨ $\frac{5}{24}$ ⑩ $\frac{9}{40}$

9 分数のかけ算 ③

① $1\frac{13}{32}$ ② $1\frac{5}{27}$

③ $1\frac{19}{21}$ ④ $1\frac{4}{21}$

⑤ $1\frac{1}{14}$ ⑥ $1\frac{1}{3}$

⑦ $1\frac{1}{6}$ ⑧ $\frac{5}{8}$

10 分数のかけ算 ④

1 $\frac{5}{4} \times \frac{6}{5} = \frac{3}{2}$ 答え $\frac{3}{2}\left(1\frac{1}{2}\right)\text{m}^2$

2 $\frac{1}{5} \times \frac{10}{13} = \frac{2}{13}$ 答え $\frac{2}{13}\text{m}^3$

11 分数のかけ算 ⑤

① $\frac{8}{3}\times\frac{8}{3}=\frac{64}{9}$ 答え $\frac{64}{9}$ $\left(7\frac{1}{9}\right)$cm²

② $\frac{10}{3}\times\frac{7}{6}=\frac{35}{9}$ 答え $\frac{35}{9}$ $\left(3\frac{8}{9}\right)$cm²

③ $\frac{8}{3}\times\frac{21}{16}=\frac{7}{2}$ 答え $\frac{7}{2}$ $\left(3\frac{1}{2}\right)$cm²

12 分数のわり算 ①

① $\frac{35}{18}$ $\left(1\frac{17}{18}\right)$ ② $\frac{20}{27}$

③ $\frac{30}{49}$ ④ $\frac{45}{32}$ $\left(1\frac{13}{32}\right)$

⑤ $\frac{14}{25}$ ⑥ $\frac{9}{28}$

⑦ $\frac{20}{9}$ $\left(2\frac{2}{9}\right)$ ⑧ $\frac{35}{24}$ $\left(1\frac{11}{24}\right)$

⑨ $\frac{28}{15}$ $\left(1\frac{13}{15}\right)$ ⑩ $\frac{21}{10}$ $\left(2\frac{1}{10}\right)$

13 分数のわり算 ②

① $\frac{8}{15}$ ② $\frac{20}{63}$ ③ $\frac{9}{10}$ ④ $\frac{40}{49}$

⑤ $\frac{35}{36}$ ⑥ $\frac{16}{21}$ ⑦ $\frac{25}{56}$

⑧ $\frac{35}{6}$ $\left(5\frac{5}{6}\right)$

14 分数のわり算 ③

① $1\frac{2}{25}$ ② $\frac{5}{21}$

③ $2\frac{2}{9}$ ④ $1\frac{1}{9}$

⑤ $1\frac{1}{9}$ ⑥ $1\frac{1}{20}$

⑦ $3\frac{3}{4}$ ⑧ $1\frac{11}{14}$

15 分数のわり算 ④

[1] $\frac{18}{7}\div\frac{12}{7}=\frac{3}{2}$ 答え $\frac{3}{2}$ $\left(1\frac{1}{2}\right)$m

[2] $\frac{10}{3}\div\frac{5}{9}=6$ 答え 6kg

16 分数のわり算 ⑤

① $\frac{14}{5}\div\frac{7}{3}=\frac{6}{5}$ 答え $\frac{6}{5}$ $\left(1\frac{1}{5}\right)$cm

② $\frac{28}{9}\div\frac{4}{3}=\frac{7}{3}$ 答え $\frac{7}{3}$ $\left(2\frac{1}{3}\right)$cm

③ $\frac{10}{3}\times2\div\frac{15}{4}=\frac{16}{9}$ 答え $\frac{16}{9}$ $\left(1\frac{7}{9}\right)$m

17 分数の計算 ①

① $\frac{2}{3}$ ② $\frac{5}{8}$ ③ 4

④ $\frac{4}{3}$ $\left(1\frac{1}{3}\right)$ ⑤ $\frac{8}{3}$ $\left(2\frac{2}{3}\right)$

18 分数の計算 ②

① $\frac{1}{4}$ ② $\frac{2}{5}$ ③ $\frac{1}{3}$

④ $\frac{8}{3}$ $\left(2\frac{2}{3}\right)$ ⑤ $\frac{5}{9}$

19 対称な図形 ①

㋐、㋒、㋓、㋔、㋕、㋗

20 対称な図形 ②

① 直線イカ，直線ウオ

② 直線クイと直線クカ

③ 直線キウと直線キオ

21 対称な図形 ③

㋑、㋓、㋔、㋕

22 対称な図形 ④

① 辺オカ

② 辺カキ

③ 直線エO

④ 直線カO

23 比とその利用 ①

[1] ① 1：3 ② 4：3

③　2 : 3　　④　6 : 5
⑤　3 : 2　　⑥　3 : 2
⑦　1 : 3　　⑧　4 : 7
⑨　3 : 4　　⑩　7 : 9

2　3 : 4 : 5

24 比とその利用 ②

1　①　5 : 6　　②　2 : 7
③　1 : 3　　④　3 : 1
⑤　2 : 5　　⑥　4 : 1
⑦　6 : 5　　⑧　2 : 3

2　3 : 4 : 2

25 比とその利用 ③

1　8 : 3 = 120 : □
□ = 45　　答え　45個

2　5 : 7 = 30 : □
□ = 42　　答え　42枚

3　3 : 4 = □ : 60
□ = 45　　答え　45本

26 比とその利用 ④

1　$90 \div 2 = 45$
$45 \times \frac{2}{5} = 18$
$45 - 18 = 27$　　答え　縦18m，横27m

2　$108 \times \frac{5}{9} = 60$
$108 - 60 = 48$　答え　男性60人，女性48人

3　$1800 \times \frac{2}{9} = 400$　　答え　400g

27 角柱と円柱 ①

①　$36 \times 12 = 432$　　答え　432cm³
②　$12 \times 12 \times 18 = 2592$　　答え　2592cm³

28 角柱と円柱 ②

①　$6 \times 8 \div 2 \times 12 = 288$
答え　288cm³
②　$9 \times 12 \times 20 = 2160$　　答え　2160cm³

29 角柱と円柱 ③

①　$72 \times 8 = 576$　　答え　576cm³
②　$5 \times 5 \times 3.14 \times 20 = 1570$
答え　1570cm³

30 角柱と円柱 ④

①　$5 \times 5 \times 3.14 \times 9 = 706.5$
答え　706.5cm³
②　$6 \times 6 \times 3.14 \times 22 = 2486.88$
答え　2486.88cm³

31 比例と反比例 ①

①　いえる
②　4（増える）
③　4（増える）
④　20

32 比例と反比例 ②

①
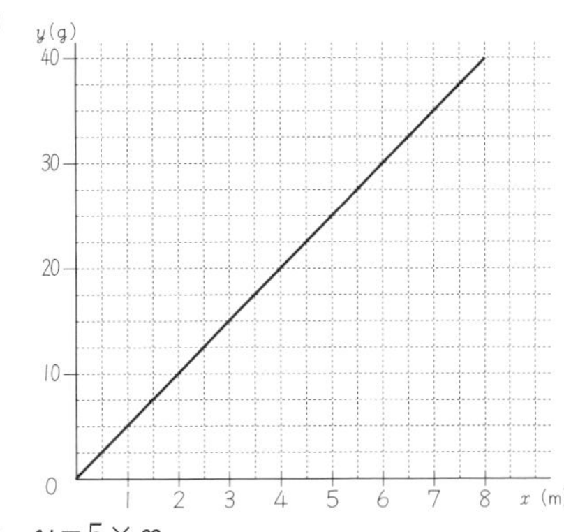

②　$y = 5 \times x$

33 比例と反比例 ③

①　$\frac{1}{2}$倍になる

② $\frac{1}{3}$倍になる

③ いえる

④ ㋐ 1.2　㋑ 1

34 比例と反比例 ④

①

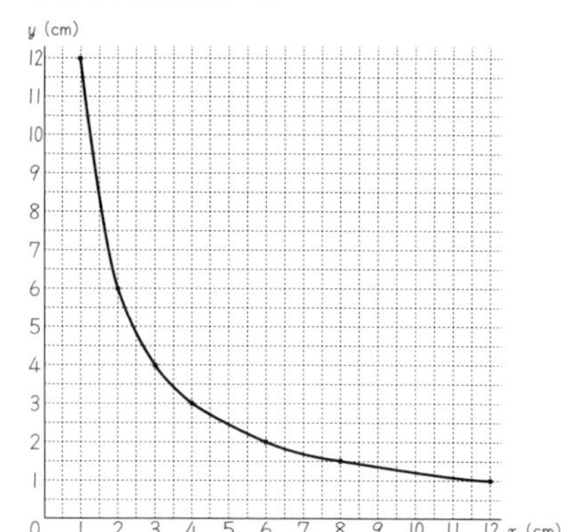

② $y=12\div x$

35 比例と反比例 ⑤

1 ① ○　② △

③ ×　④ ○

⑤ △

2 ① $y=20\times x$

② $y=50\div x$

36 比例と反比例 ⑥

1 ① ㋐ 50　㋑ 8

② $y=40\div x$

2 $60\times 6\div 80=4.5$

答え　4時間30分または4.5時間

3 ① △　② ○

③ ○　④ △

37 拡大図と縮図 ①

1 拡大図　㋑　2倍

縮図　㋕　$\frac{1}{2}$

2 いえない

38 拡大図と縮図 ②

① 辺オカで2cm

② 辺カキで2.5cm

③ 角カで70°

④ 角キで70°

39 拡大図と縮図 ③

① 3cm：1500cm

＝1：500

答え　$\frac{1}{500}$

② 答え　5.1cm

③ $5.1\times 500=2550$（cm）　答え　約26m

40 拡大図と縮図 ④

① 2cm×1000000＝2000000cm

＝20000m

答え　20km

② 6cm×1000000＝6000000cm

＝60000m

答え　60km

41 場合の数 ①

（百の位）（十の位）（一の位）

1 < 2 — 3, 3 — 2

2 < 1 — 3, 3 — 1

3 < 1 — 2, 2 — 1

答え　6通り

42 場合の数 ②

千の位が1となるのは6通りです。千の位が2，3，4となる場合も同じ数ずつあるので全部で24通りあります。

答え　24通り

43 場合の数 ③

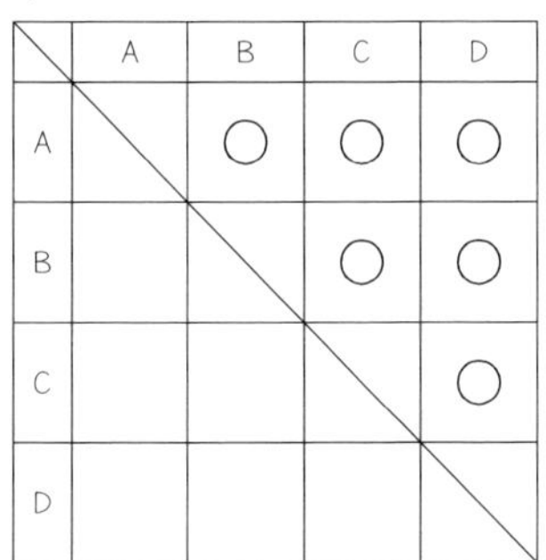

	A	B	C	D
A		○	○	○
B			○	○
C				○
D				

答え　6試合

44 場合の数 ④

10円	50円	100円	500円	できる金額
○	○			60円
○		○		110円
○			○	510円
	○	○		150円
	○		○	550円
		○	○	600円

答え　6通り

45 資料の整理 ①

① 21名の体重の和は697kg
697 ÷ 21 = 33.19…　　答え　33.2kg

②

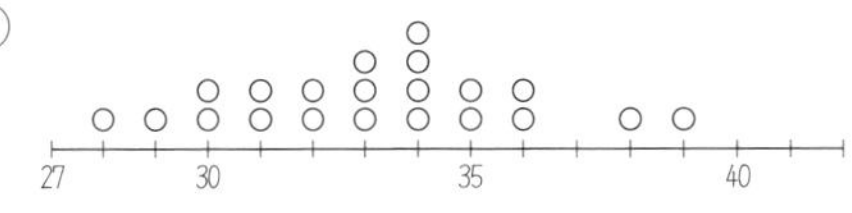

答え　34kg

46 資料の整理 ②

階級	数
28kg以上～30kg未満	2
30kg～32kg	4
32kg～34kg	5
34kg～36kg	6
36kg～38kg	2
38kg～40kg	2

47 資料の整理 ③

① 答え　9秒以上，10秒未満

② 8 + 12 + 6 + 4 = 30　　答え　30人

③ 答え　9番目～20番目の間

48 資料の整理 ④

① 150 + 143 + 152 + 148 + 144 + 146 + 148 + 149 = 1180
1180 ÷ 8 = 147.5　　答え　147.5cm

② 143, 144, 146, 148, 148, 149, 150, 152
$\frac{148+148}{2}=148$　　答え　148cm

③ 答え　148cm

1 ものの燃え方

① 二酸化炭素

② ちっ素

③ 酸素

2 ヒトや動物の体 ①

[1] ① 気管　② 肺
③ 肺ほう　④ 毛細血管

[2] ① ○　② ○　③ ×

3 ヒトや動物の体 ②

[1] ① 脈はく　② 4
③ 肺　④ 全身
⑤ べん　⑥ 動脈
⑦ 静脈

[2] ① ×　② ○　③ ○　④ ×

④ 植物のつくり

① でんぷん　② とけません
③ 果実　④ 緑色
⑤ 葉　⑥ 時期
⑦ くき

⑤ 月と太陽 ①

① ㋗　② ㋑　③ ㋖　④ ㋐
⑤ ㋓　⑥ ㋕　⑦ ㋔　⑧ ㋒

⑥ 月と太陽 ②

① ○　② △　③ ×　④ ○　⑤ ○
⑥ ○　⑦ △　⑧ △　⑨ △　⑩ △

⑦ 大地のつくり ①

1 ① 小石　② 砂
③ ねん土　④ 水量
⑤ しずむ　⑥ 海
⑦ 地層

2 ㋒→㋑→㋐

⑧ 大地のつくり ②

1 (1) 地層
(2) ①

2 ① ○　② ×　③ ○　④ ×

⑨ 水よう液の性質 ①

1 ① ×　② ○　③ ○　④ ×
⑤ ○

2 ① 赤くなる　② 変わらない

⑩ 水よう液の性質 ②

(1) ㋐ 食塩水　㋑ 塩酸
㋒ 水酸化ナトリウム水よう液

(2) ㋐

⑪ てこのはたらき ①

1 (1) ㋐ 作用点　㋑ 支点
㋓ 力点
(2) ㋔

2 ① ㋐と㋒
② ㋐と㋑

⑫ てこのはたらき ②

1 ① 15　② 30　③ 50　④ 20

2 (1) ① 作用点　② 支点
③ 力点
(2) ① 力点　② 作用点
③ 支点

⑬ 電気の利用 ①

① 豆電球　② 回転　③ 電気
④ 発電　⑤ 逆向き　⑥ 電流

⑭ 電気の利用 ②

① 電流　② 熱く　③ 発熱
④ 電熱線　⑤ 約２秒　⑥ 細い
⑦ 太い

⑮ 生物とかん境 ①

① 水　② 酸素　③ 二酸化炭素
④ 呼吸　⑤ 緑色　⑥ 養分
⑦ 植物　⑧ 動物

⑯ 生物とかん境 ②

1 ① 水蒸気　② 雲　③ 雨
④ 川　⑤ 海

2 ① ○　② ○　③ ×

社会

1 わたしたちの生活と政治 ①

1 ① 衆議 ② 参議 ③ 4
④ 6 ⑤ 18 ⑥ 25
⑦ 30

2 ① 法律 ② 立法

2 わたしたちの生活と政治 ②

(1) ㋐ 立法 ㋑ 行政 ㋒ 司法
(2) 三権分立
(3) Ⓐ 選挙 Ⓑ 世論
Ⓒ 国民審査

3 縄文・弥生・古墳時代

1 ㋐ 縄文時代 ㋑ 弥生時代
2 ① ㋒ ② ㋐ ③ ㋑
3 (1) 前方後円墳 (2) 王や豪族の墓

4 飛鳥・奈良時代

(1) ① 飛鳥 ② 十七条の憲法
③ 遣隋使 ④ 平城京
(2) 中大兄皇子（天智天皇）、
中臣鎌足（藤原鎌足）（順不同）
(3) ① 聖武天皇 ② 東大寺

5 平安時代

(1) ① 平安京 ② 遣唐使
③ 藤原道長 ④ 壇ノ浦
(2) 十二単（じゅうにひとえ）
(3) 紫式部

6 鎌倉時代

(1) ① 鎌倉 ② 源頼朝 ③ 元
(2) ㋐ 御恩 ㋑ 奉公
(3) 北条氏

7 室町時代

(1) ① 室町 ② 足利尊氏
③ 足利義満 ④ 足利義政
(2) ① ㋒ ② ㋑ ③ ㋐

8 安土・桃山時代

① 安土・桃山 ② 種子島
③ 織田信長 ④ 安土
⑤ 本能寺 ⑥ 豊臣秀吉
⑦ 朝鮮

9 江戸時代 ①

① 江戸 ② 徳川家康
③ 参勤交代 ④ 生活を規制する

10 江戸時代 ②

(1) ① お金 ② 大阪 ③ 江戸
④ 天下の台所
⑤ 将軍のおひざもと
(2) ① ㋓ ② ㋒
③ ㋑ ④ ㋐

11 明治時代 ①

① 大政奉還 ② 五か条の御誓文
③ ノルマントン号 ④ 大日本帝国憲法
⑤ 日清戦争 ⑥ 日露戦争

12 明治時代 ②

1 ① 軽 ② 生糸
③ 日露 ④ 重
⑤ 足尾 ⑥ 田中正造
⑦ 国会

2 ① ㋐ ② ㋑ ③ ㋒

13 明治時代 ③

①　朝鮮　②　日清　③　下関
④　台湾　⑤　ロシア　⑥　日露

14 明治時代 ④

1 ①　○　②　×　③　○
④　○　⑤　×
2 ①－㊣　②－㋔　③－㋐
④－㋑　⑤－㋒

15 大正・昭和の時代 ①

(1) ①　満州事変　②　日中戦争
③　太平洋戦争　④　原子爆弾
⑤　ポツダム宣言
(2) 15年

16 大正・昭和の時代 ②

①　アメリカ合衆国　②　ソビエト連邦
③　冷たい戦争　④　朝鮮戦争
⑤　日米安全保障　⑥　高度経済成長
⑦　自動車　⑧　新幹線

国語

1 漢字の読み ①

①　いへん　②　こうう
③　さんぱい　④　いでん
⑤　じりょく　⑥　そうじゅう
⑦　けいさつ　⑧　しや
⑨　しょうじ　⑩　しょちょう
⑪　ぎもん　⑫　りょうしゅう
⑬　のうこつ　⑭　たくはい
⑮　こうこう

2 漢字の読み ②

①　たいしゅう　②　えんがん
③　しゅうきょう　④　しゅうしょく
⑤　こんなん　⑥　かんちょう
⑦　きぬいと(けんし)　⑧　きちょう
⑨　ようさん　⑩　すいろん
⑪　もよう　⑫　ひみつ
⑬　ちゅうしゃ　⑭　なみき
⑮　てつぼう

3 漢字の読み ③

①　ちょうしん　②　かめい
③　そんぼう　④　ほうもん
⑤　しゅくしゃく　⑥　ぶんたん
⑦　すいちょく　⑧　せいか
⑨　ないかく　⑩　しき
⑪　ぞうしょ　⑫　じょうはつ
⑬　かんらん　⑭　かんちょう
⑮　けんとう

4 漢字の読み ④

①　こうごう　②　へいか
③　ていきょう　④　じこ
⑤　あなば　⑥　さっし
⑦　しきゅう　⑧　しせい
⑨　しゅしゃ　⑩　じゅうらい
⑪　はいゆう　⑫　しょこく
⑬　じんぎ　⑭　すんぜん
⑮　はいぞう

5 漢字の読み ⑤

① せんがん ② うんちん
③ まいすう ④ ほうりつ
⑤ りんじ ⑥ はんちょう
⑦ ひひょう ⑧ げかん
⑨ かんびょう ⑩ どきょう
⑪ こきょう ⑫ けいとう
⑬ げんせん ⑭ かぶしき
⑮ つくえ

6 漢字の書き ①

① 展覧 ② 誕生 ③ 宣伝
④ 灰色 ⑤ 宇宙 ⑥ 紅茶
⑦ 革命 ⑧ 著者 ⑨ 裏口
⑩ 朗読 ⑪ 演劇 ⑫ 砂場
⑬ 除去 ⑭ 座席 ⑮ 危険

7 漢字の書き ②

① 若葉 ② 混乱 ③ 幼虫
④ 忠実 ⑤ 尊敬 ⑥ 簡単
⑦ 拡大 ⑧ 誠実 ⑨ 刻限
⑩ 演奏 ⑪ 延期 ⑫ 呼吸
⑬ 鋼鉄 ⑭ 裁判 ⑮ 権利

8 漢字の書き ③

① 牛乳 ② 背筋 ③ 歌詞
④ 日誌 ⑤ 腹痛 ⑥ 処分
⑦ 将軍 ⑧ 重傷 ⑨ 片手
⑩ 映画 ⑪ 専門 ⑫ 地層
⑬ 経済 ⑭ 胃腸 ⑮ 探査

9 漢字の書き ④

① 階段 ② 温暖 ③ 郵便
④ 砂糖 ⑤ 頭脳 ⑥ 毎晩
⑦ 否定 ⑧ 役割 ⑨ 興奮
⑩ 水源 ⑪ 通訳 ⑫ 食欲
⑬ 翌日 ⑭ 生卵 ⑮ 服装

10 漢字の書き ⑤

① 補助 ② 恩人 ③ 地域
④ 憲法 ⑤ 樹木 ⑥ 勤務
⑦ 同窓 ⑧ 誤差 ⑨ 純白
⑩ 預金 ⑪ 党派 ⑫ 頂上
⑬ 穀物 ⑭ 激動 ⑮ 家宝

11 熟語づくり ①

① 簡 ② 厳 ③ 純 ④ 創

12 熟語づくり ②

① 域 ② 党 ③ 痛 ④ 善

13 熟語づくり ③

① 値 ② 派 ③ 装 ④ 策

14 熟語づくり ④

① 権 ② 幕 ③ 憲 ④ 穀

15 熟語づくり ⑤

① 誤 ② 私 ③ 宝 ④ 存

16 熟語づくり ⑥

① 閉 ② 勤 ③ 窓 ④ 熟

17 漢字しりとり ①

① 尊厳→厳密→密閉→閉幕
② 財政→政策→策略→略歴
③ 忠誠→誠実→実権→権利
④ 収縮→縮尺→尺八→八方
⑤ 沿海→海流→流派→派手

⑱ 漢字しりとり ②

① 看護→護衛→衛視→視野
② 書簡→簡単→単純→純綿
③ 心臓→臓器→器官→官庁
④ 貴重→重傷→傷口→口裏
⑤ 激増→増加→加盟→盟約

⑲ 漢字しりとり ③

① 役割→割高→高価→価値
② 干潮→潮流→流動→動乱
③ 呼吸→吸収→収納→納骨
④ 尊敬→敬意→意欲→欲望
⑤ 尊厳→厳寒→寒暖→暖冬

⑳ 送りがな

① 運ぶ　② 染める　③ 届ける
④ 認める　⑤ 暮れる　⑥ 美しい
⑦ 忘れる　⑧ 盛り土　⑨ 我に

㉑ 名詞

① 戦い　② 寒さ　③ 笑い
④ 走り　⑤ 美しさ　⑥ 明るさ
⑦ 歩き　⑧ 強さ(強み)
⑨ 小ささ　⑩ おそさ

㉒ 動詞

① 願お　② 見れ　③ 聞い
④ 書い　⑤ 動い　⑥ 話そ

㉓ 形容詞

① 古く　② 暖かく　③ 寒く
④ 赤く　⑤ 美しく　⑥ 遠く

㉔ 形容動詞

① すこやかな　② にぎやかだ
③ 大切な　④ 豊富だ
⑤ 元気な　⑥ 親切だ

㉕ 副詞

① とうとう　② どんより
③ 少し　④ まるで
⑤ ゆっくり　⑥ からっと

㉖ 助詞

囲う文字
① が　② が
③ で　④ に，を
⑤ で，に　⑥ が，から，を

㉗ 助動詞

① れる　② よう　③ ます
④ ない　⑤ せる　⑥ よう

㉘ 接頭語

① 無　② 真　③ 小　④ ぶ
⑤ 非　⑥ ど　⑦ た　⑧ お

㉙ 接尾語

① さま　② きる
③ たち　④ ぷり
⑤ めく　⑥ いん
⑦ がる　⑧ しげ

㉚ 文末表現

① ㋑　② ㋓　③ ㋒
④ ㋐　⑤ ㋔

31 俳句 ①

㋐ こがらし、冬
㋑ 夏河、　夏
㋒ すみれ草、春
㋓ 柿、　秋

32 俳句 ②

㋐ 春の海、　春
㋑ 名月、　秋
㋒ 夏の蝶、　夏
㋓ 蛍、　夏

33 短歌 ①

① 八重桜
② 春の野
③ 春の日
④ 子どもらと

34 短歌 ②

① 梅の花
② 空の青
③ 金の油
④ 白砂

35 文の組み立て ①

① 裏庭にはニワトリが、いる。
② きれいなバラの花が、さく。
③ カキの実が、赤くうれる。
④ 昨日、姉は時計を買った。
⑤ 父のプレゼントは、本です。

36 文の組み立て ②

① 風がふき、雨も降る。
② 色がきれいで、形が美しい。
③ 池のまわりをぼくは走り、おじさんは歩く。
④ 父は会社へ行き、姉は学校へ行く。
⑤ 母が洗い、わたしが干した。

37 文の組み立て ③

① サッカーが得意な弟は四年生です。
② ぼくは、父が建てた学校へ行く。
③ 大きな実がなった枝は折れそうです。
④ ぼくが乗ったバスは、高速道路を走っている。

38 文の組み立て ④

① 大雪が降った。
風がふいた。
② 菜の花がさく。
チョウが飛ぶ。

39 文の組み立て ⑤

① ㋐ 姉が
㋑ つくってくれた
㋒ クッキーが
㋓ ある
② ㋐ ぼくが
㋑ 植えた
㋒ 花が
㋓ さいた

40 同訓異字 ①

① ㋐ 合　㋑ 会
② ㋐ 上　㋑ 挙
③ ㋐ 明　㋑ 空
④ ㋐ 表　㋑ 現
⑤ ㋐ 写　㋑ 移
⑥ ㋐ 泣　㋑ 鳴

41 同訓異字 ②

① ㋐ 納 ㋑ 治
② ㋐ 返 ㋑ 帰
③ ㋐ 変 ㋑ 代
④ ㋐ 努 ㋑ 勤
⑤ ㋐ 減 ㋑ 経
⑥ ㋐ 敗 ㋑ 破

42 同音異義語 ①

① ㋐ 辞退 ㋑ 事態
② ㋐ 正体 ㋑ 招待
③ ㋐ 自身 ㋑ 自信
④ ㋐ 飼料 ㋑ 資料
⑤ ㋐ 展示 ㋑ 点字
⑥ ㋐ 政党 ㋑ 正当

43 同音異義語 ②

① ㋐ 辞典 ㋑ 事典
② ㋐ 回転 ㋑ 開店
③ ㋐ 工作 ㋑ 耕作
④ ㋐ 伝記 ㋑ 電気
⑤ ㋐ 大勝 ㋑ 大将
⑥ ㋐ 階段 ㋑ 会談

44 同音異義語 ③

① ㋐ 修正 ㋑ 終生（終世）
② ㋐ 性格 ㋑ 正確
③ ㋐ 自動 ㋑ 児童
④ ㋐ 進行 ㋑ 新興
⑤ ㋐ 星座 ㋑ 正座
⑥ ㋐ 高価 ㋑ 校歌

45 四字熟語 ①

① 一芸一能（いちげいいちのう）
② 一挙一動（いっきょいちどう）
③ 一進一退（いっしんいったい）
④ 一望千里（いちぼうせんり）
⑤ 一問一答（いちもんいっとう）
⑥ 一刻千金（いっこくせんきん）
⑦ 正正堂堂（せいせいどうどう）
⑧ 子子孫孫（ししそんそん）

46 四字熟語 ②

① 大同小異（だいどうしょうい）
② 半信半疑（はんしんはんぎ）
③ 一心不乱（いっしんふらん）
④ 私利私欲（しりしよく）
⑤ 天変地異（てんぺんちい）
⑥ 針小棒大（しんしょうぼうだい）
⑦ 大器晩成（たいきばんせい）
⑧ 感謝感激（かんしゃかんげき）

47 四字熟語 ③

① 作詞作曲（さくしさっきょく）
② 賛否両論（さんぴりょうろん）
③ 異口同音（いくどうおん）
④ 誠心誠意（せいしんせいい）
⑤ 自画自賛（じがじさん）
⑥ 自由自在（じゆうじざい）
⑦ 自問自答（じもんじとう）
⑧ 自作自演（じさくじえん）

48 四字熟語 ④

① 宇宙遊泳（うちゅうゆうえい）
② 男女平等（だんじょびょうどう）
③ 経済政策（けいざいせいさく）
④ 針葉樹林（しんようじゅりん）
⑤ 郵便番号（ゆうびんばんごう）
⑥ 弱肉強食（じゃくにくきょうしょく）
⑦ 降水確率（こうすいかくりつ）
⑧ 雨天順延（うてんじゅんえん）

A 英語

1 わたしの出身地

1 2 省略

2 できること・得意なこと

例

1 I can run fast.

2 I am good at singing.

3 日本の行事

1 省略

2 春

4 夏休みの思い出を話そう

(1) 省略

(2) ① ㋐

② ㋒

5 週末のできごと

1 Bさん played the guitar

Aさん played baseball

2 ㋐

6 わたしが好きなもの

1 (1) music

(2) a guitar

2 (1) baseball

(2) a new glove

7 あの人、どんな人?

1 省略

2 ① ㋒ ② ㋐ ③ ㋑

8 わたしの町 ①

① ○ ② × ③ × ④ ○

9 わたしの町 ②

1 an amusementpark

a big library

2 省略

10 道案内しよう ①

1 省略

2 ①—㋒ ②—㋑

③—㋐

11 道案内しよう ②

① Turn right. Go straight.

② Turn left at the third corner.

③ You can see it on your left.

12 将来の夢

1 ㋒

2 I want to be a vet.

13 小学校の思い出

1 省略

2 ① the music festival

② the sports day

14 中学生になったら

例

① basketball team

② chorus

達成表

勉強がおわったページにチェックを入れてね。問題が全部できて、字もていねいに書けていたら「よくできた」だよ。全部の問題が「よくできた」になるようにがんばろう！

教科	タイトル	学習日	もうすこし	ぜんぶできた	よくできた
算数	1 円の面積 ①	／			
	2 円の面積 ②	／			
	3 円の面積 ③	／			
	4 円の面積 ④	／			
	5 文字を使った式 ①	／			
	6 文字を使った式 ②	／			
	7 分数のかけ算 ①	／			
	8 分数のかけ算 ②	／			
	9 分数のかけ算 ③	／			
	10 分数のかけ算 ④	／			
	11 分数のかけ算 ⑤	／			
	12 分数のわり算 ①	／			
	13 分数のわり算 ②	／			
	14 分数のわり算 ③	／			
	15 分数のわり算 ④	／			
	16 分数のわり算 ⑤	／			
	17 分数の計算 ①	／			
	18 分数の計算 ②	／			
	19 対称な図形 ①	／			
	20 対称な図形 ②	／			
	21 対称な図形 ③	／			
	22 対称な図形 ④	／			
	23 比とその利用 ①	／			
	24 比とその利用 ②	／			
	25 比とその利用 ③	／			
	26 比とその利用 ④	／			
	27 角柱と円柱 ①	／			
	28 角柱と円柱 ②	／			
	29 角柱と円柱 ③	／			
	30 角柱と円柱 ④	／			
	31 比例と反比例 ①	／			
	32 比例と反比例 ②	／			

教科（きょうか）	タイトル	学習日（がくしゅうび）	もうすこし	ぜんぶできた	よくできた
算数	33 比例と反比例 ③	／			
	34 比例と反比例 ④	／			
	35 比例と反比例 ⑤	／			
	36 比例と反比例 ⑥	／			
	37 拡大図と縮図 ①	／			
	38 拡大図と縮図 ②	／			
	39 拡大図と縮図 ③	／			
	40 拡大図と縮図 ④	／			
	41 場合の数 ①	／			
	42 場合の数 ②	／			
	43 場合の数 ③	／			
	44 場合の数 ④	／			
	45 資料の整理 ①	／			
	46 資料の整理 ②	／			
	47 資料の整理 ③	／			
	48 資料の整理 ④	／			
理科	1 ものの燃え方	／			
	2 ヒトや動物の体 ①	／			
	3 ヒトや動物の体 ②	／			
	4 植物のつくり	／			
	5 月と太陽 ①	／			
	6 月と太陽 ②	／			
	7 大地のつくり ①	／			
	8 大地のつくり ②	／			
	9 水よう液の性質 ①	／			
	10 水よう液の性質 ②	／			
	11 てこのはたらき ①	／			
	12 てこのはたらき ②	／			
	13 電気の利用 ①	／			
	14 電気の利用 ②	／			
	15 生物とかん境 ①	／			
	16 生物とかん境 ②	／			

教科(きょうか)	タイトル	学習日(がくしゅうび)	もうすこし	ぜんぶできた	よくできた
社会	1 わたしたちの生活と政治 ①	／			
	2 わたしたちの生活と政治 ②	／			
	3 縄文・弥生・古墳時代	／			
	4 飛鳥・奈良時代	／			
	5 平安時代	／			
	6 鎌倉時代	／			
	7 室町時代	／			
	8 安土・桃山時代	／			
	9 江戸時代 ①	／			
	10 江戸時代 ②	／			
	11 明治時代 ①	／			
	12 明治時代 ②	／			
	13 明治時代 ③	／			
	14 明治時代 ④	／			
	15 大正・昭和の時代 ①	／			
	16 大正・昭和の時代 ②	／			
国語	1 漢字の読み ①	／			
	2 漢字の読み ②	／			
	3 漢字の読み ③	／			
	4 漢字の読み ④	／			
	5 漢字の読み ⑤	／			
	6 漢字の書き ①	／			
	7 漢字の書き ②	／			
	8 漢字の書き ③	／			
	9 漢字の書き ④	／			
	10 漢字の書き ⑤	／			
	11 熟語づくり ①	／			
	12 熟語づくり ②	／			
	13 熟語づくり ③	／			
	14 熟語づくり ④	／			
	15 熟語づくり ⑤	／			
	16 熟語づくり ⑥	／			

教科	タイトル	学習日	もうすこし	ぜんぶできた	よくできた
国語	17 漢字しりとり ①	／			
	18 漢字しりとり ②	／			
	19 漢字しりとり ③	／			
	20 送りがな	／			
	21 名詞	／			
	22 動詞	／			
	23 形容詞	／			
	24 形容動詞	／			
	25 副詞	／			
	26 助詞	／			
	27 助動詞	／			
	28 接頭語	／			
	29 接尾語	／			
	30 文末表現	／			
	31 俳句 ①	／			
	32 俳句 ②	／			
	33 短歌 ①	／			
	34 短歌 ②	／			
	35 文の組み立て ①	／			
	36 文の組み立て ②	／			
	37 文の組み立て ③	／			
	38 文の組み立て ④	／			
	39 文の組み立て ⑤	／			
	40 同訓異字 ①	／			
	41 同訓異字 ②	／			
	42 同音異義語 ①	／			
	43 同音異義語 ②	／			
	44 同音異義語 ③	／			
	45 四字熟語 ①	／			
	46 四字熟語 ②	／			
	47 四字熟語 ③	／			
	48 四字熟語 ④	／			

教科	タイトル	学習日	もうすこし	ぜんぶできた	よくできた
英語	① わたしの出身地	／	A	A A	A A A
	② できること・得意なこと	／	A	A A	A A A
	③ 日本の行事	／	A	A A	A A A
	④ 夏休みの思い出を話そう	／	A	A A	A A A
	⑤ 週末のできごと	／	A	A A	A A A
	⑥ わたしが好きなもの	／	A	A A	A A A
	⑦ あの人、どんな人？	／	A	A A	A A A
	⑧ わたしの町 ①	／	A	A A	A A A
	⑨ わたしの町 ②	／	A	A A	A A A
	⑩ 道案内しよう ①	／	A	A A	A A A
	⑪ 道案内しよう ②	／	A	A A	A A A
	⑫ 将来の夢	／	A	A A	A A A
	⑬ 小学校の思い出	／	A	A A	A A A
	⑭ 中学生になったら	／	A	A A	A A A